JN042192

スウェーデンと日本発！

非認知能力を伸ばす実践アイデアブック

中山芳一
田中麻衣
德留宏紀

東京書籍

はじめに

２０１９年２月、非認知能力と小学生の放課後に関する調査研究のためにスウェーデンのストックホルムへ赴いたときのことです。

ストックホルム大学教育学部の研究者陣とのカンファレンス……いま日本では非認知能力が注目を集め始めていることを知らせたとき、一人の老教授がやや冷ややかな笑みを浮かべながら「非認知能力と認知能力はコインの裏表だからね……」と呟いていた姿をいまも忘れることができません。

「そんなことはこっちだってわかっとるわぁ！」と言いたいものの、こちらは非認知能力に特化した研究テーマで訪問しているので、いささか分の悪さを感じたものでした。

私が『学力テストで測れない非認知能力が子どもを伸ばす』を出版したのは２０１８年、その１年前にも学童保育領域の本の中に非認知能力のことは紹介していました。正直なところ、近いうちに非認知能力などという言葉は下火になってくるだろうと思っていましたし、前述の前著でも書きましたが、こんな言葉を使わなくても当たり前に大切にされていってほしいと願っていました。しかし、あれから3年以上が経つのに、下火になるどころかますます火が燃え盛ってきています。

そのような中、経済学領域から生まれたといわれる「非認知能力」という総称について、心理学領域からも合いの手が入り始めました。そのため、客観的な点数化が困難な能力の総称である非認知能力の一つひとつが、より精緻に検討され始めていることに心強い思いを抱いています。非認知能力という総称もそこに包含される各能力についても概念の曲解を防いだり、心理学的に測定や介入が試みられていたりすることで、非認知能力の解像度がますます上がっていくことを期待できそうです。

一方、私は、現在に到るまで保育所・幼稚園・認定こども園、小学校、中学校、高等学校、また学童保育所や社会教育のフィールドなど、本当に様々な教育現場に関わる機会をいただいてきましたし、それはいまでも変わりません。特に、2018年に出版した前著が、想像以上にたくさんの教育現場の方々へリーチしたことも相まっての現在です。どの現場に赴いても、先生方は「学びに向かう力・人間性等（いわゆる非認知能力）」や「自主性・社会性・創造性」を子どもたちに育むために真剣に取り組まれています。また、それをどう評価するかについても大変悩まれています。

私は、教育現場の先生方へ何か指導や講評をするつもりはなく、一緒に課題解決をするために伴走するスタンスを貫いています。これは現場に立っていらっしゃる先生方を最大限リスペクトしたいという私のこだわりでもあるのです。ともすれば、そうすることで、私こそが一番学ばせていただけているように思えてなりません。後ほど紹介しますが、先生方と一緒に現場の課題解決をしていく中で、これまで以上のご提案をさせていただけるようにもなりました。本書では、現在の最新のものをご提案として掲載しておりますのでぜひご参照ください。

また、このような中で私は改めて大きな不安を抱くようになりました。非認知能力がブームになっている……。非認知能力がバズっている……。ある意味、年々身近になっているのかもしれませんが、ブームってやはり下火になるものなんですよね。先ほどの通り、仮に下火になったとしても、私たちの中で当たり前に大切な力として根付いてくれれば良いのですが、多くの場合、ブームの火が燃え上がるほど下火になったときの温度差は激しいものです。つまり、数年後には「非認知能力……そんな力もあったよね」で終わってしまいかねません。

わが国でも、非認知能力が幼児教育を中心に注目され、その後、学校教育や社会人の間にも波及していきました。波及の背景には色々な要因が複合的に絡んでいますが、その中でもＡＩ（人工知能）と人間とが協業・協働する社会では、「人間だからこそ求められる役割と能力」を身に付け発揮できるようになることが問われていて、そこに非認知能力（または社会情動的スキル）が重なってきたことが挙げられます。この時代の変化に相まって、とりわけわが国では認知能力（いわゆる学力）に偏り過ぎてしまっていたことを省みて、そのアンチテーゼとして非認知能力が注目を集めた傾向も考えられます。これは、ともすればこれからの時代には認知能力は不要で、非認知能力だけあれば良いんだ……といった論調にもなりかねません。

さらに、非認知能力が認知能力の獲得・向上を支えるという構造が、ともすれば認知能力のために非認知能力を伸ばさなければならないというすり替えにもなりかねないのです。私自身も読者の方々へこうした誤解を与えないように努めてきましたが、申し訳ないことに誤解は与えてしまっていると思います。非認知能力は決して特別でキャッチーな力ではない。だからブームが下火になった後で当たり前になってくれればよいのだけど、忘れ去られてよいものでもない。認知能力と非認知能力は、双方を切り離して相対するものではなくて、認知能力と非認知能力とは、一体的な関係を築いていく必要がある。そんなことを強く考えながら、各教育現場の先生方と一緒に実践をさせていただいているところです。

特に真新しくも特別でもない非認知能力……それは人格を形成する上でも、自己実現する上でも、幸福を追求していくためにも必要不可欠な力であり、教育の本質から見てもなくてはならない力だととらえています。非認知能力がいまのような過剰な扱いから解放されて、認知能力と一体化した当たり前の力にしていけるように私にできることは何があるのでしょうか？　そう考えてみると、あのストックホルム大学の老教授のことが思い出されたのです。当たり前のように「コインの裏表」だと言い放った彼……。たしかに、スウェーデンへ訪れた際に教育要領（わが国の学習指導要領のようなもの）について説明を受けたときも、認知能力と非認知能力とを一体化しているような文言が散見できたものです。スウェーデンの教育がヒントになる本が書けるかもしれない、私はそう思いました。

しかし、本書をよくある「〇〇〇〇（国名）の教育はこんなにすごいんだぞ！　だから日本もぜひ真似をしよう！」というものにしたくはありません。そもそも風土や文化、成り立ちが違うのに、あっちがよいからこっちでも……なんて簡単にいくはずがないからです。それだけでなく、日本という国の教育の中にも素晴らしいものはたくさんありますし、何よりも現在私たちが取り組んでいる実践については、これからのモデルケースの一つにしていきたいとさえ考えているのです。

だから、本書は単なるスウェーデンの教育紹介本ではなく、私たちの実践やこれからの提案とスウェーデンの教育の実際とをセッションしていく構成にしたいです。そこから見えてくるものがお互いの違いであったり、私たちの実践への後押しや、参考にしたいアイデアだったりするのではないかと期待しています。そんな一冊がこれからスタートします。

なお、今回は私一人の力では乗り越えられない壁がたくさんあり過ぎますので、次のお二人のお力をお借りしていきたいと思います。まず、スウェーデンの学校教育や就学前教育に精通している田中麻衣さん。私にとって、とても心強いパートトナーです。また、この日本で私と一緒に実践をしてくださっている教育現場のパートナーである、徳留宏紀さんに、ご自身の実践をしっかりと紹介していただこうと思います。こうした頼もしいパートナーたちと共に、「非認知能力ブーム」のその先を少しでも切り拓いていきたいです。

2023年7月

中山芳一

目次

第Ⅲ章 教育現場で非認知能力を伸ばす実践ステップ

第Ⅳ章 見取りのレンズと仕掛けのギミック

第Ⅴ章 ある公立中学校教員の挑戦

第Ⅵ章 学校改革で実現した大人と子どもの非認知能力向上

第Ⅶ章 スウェーデンの教育実践「3つのLearn」とは

第Ⅷ章 スウェーデンのＰＢＬ計画書──子どもたちの興味に寄り添う──

第Ⅸ章 スウェーデンの感情教育実践──子どもが自分の感情について学ぶ──

第X章　教育現場における評価は何のために、誰のためにあるのか？

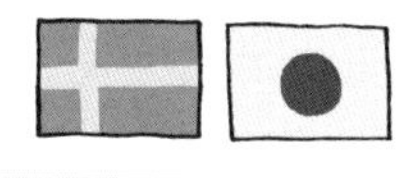

第1章

認知能力と非認知能力は「コインの裏表」

1

「コインの表裏」とストックホルム大学の老教授は言った

「はじめに」でも触れましたが、２０１９年2月、私は非認知能力と小学生の放課後に関する調査研究のためにスウェーデンのストックホルム大学教育学部を訪れました。研究者陣とのカンファレンスにおいて、いま日本では非認知能力が注目を集め始めていることを知らせたとき、一人の老教授がやや冷ややかな笑みを浮かべて、このように呟いたことが今もなお忘れられません。

「非認知能力と認知能力はコインの裏表だからね……」

そんなことは、もちろんわかっているのですが、日本においての認知能力と非認知能力の関係性をあらためて俯瞰すると、いわゆる学力である認知能力に偏り過ぎたことを省みて、そのアンチテーゼとして非認知能力が注目を集めた傾向が見られることに気付かされます。

ですが、老教授の「コインの裏表」という呟きどおり、認知能力と非認知能力は、双方を切り離して相対するものではなくて、一体的な関係を築いていく必要があるんですよね。

ストックホルム大学で教育要領（わが国の学習指導要領のようなもの）について説明を受けたときも、認知能力と非認知能力とを一体化しているような文言が散見でき、スウェーデンが非認知能力を特別視することなく、自然に取り入れている事実を目の当たりにしました。

さて、それでは早速ですが、スウェーデンの教育現場で活躍されている田中麻衣さんにご登場いただきましょう。麻衣さん、老教授の呟きの件にもあった、スウェーデンにおける非認知能力の位置づけについて教えていただけますか？

2 学習指導要領全体に散見される「非認知能力」

田中麻衣

こんにちは！　スウェーデンの就学前学校で校長を務めている田中麻衣です。よろしくお願いします。先ほどの中山先生のお話ですが、実はスウェーデンでこんなことがありました。

私が、教育関係者の方々に「日本で本を書くことになったんです」と報告をしたところ、「おめでとう！　何について書くの？」と尋ねられたので、「非認知能力について研究されている先生がいるんだけどね……」と答えます。すると、彼ら彼女らは「非認知能力？？？」と首を傾げてしまうのです。私は、このやり取りを何度したかわかりません。教育現場の方々で「非認知能力」という言葉を知っていた人はいませんでした。

しかし、これはスウェーデンがいわゆる非認知能力をないがしろにしているからではありません。学習指導要領をめくり、意識しながら非認知能力に触れている部分を追うと、それがあらゆるところに散らばっており学習指導要領全体を通して何度も登場してくるからです。ただ、スウェーデンでは「はじめに」と先ほどの老教授のお話の通り、非認知能力が認知能力と切り離されたものではなく、むしろ切っても切り離せない関係であると考えられています。

次ページ表の項目は、スウェーデンの学習指導要領の目次の一部です。就学前教育の方の目次だけでもわかる通り、第一章から基盤となる価値観として既に非認知能力への言及がなされています。ページ数が多く目次にははっきり書かれていないものの、基礎学校も同じように「他人への理解と思いやり」について書かれています。ここでいう「基盤とな

スウェーデンの就学前教育の学習指導要領　目次の一部

目次	
1.	**就学前学校における基礎的価値観と使命**
	基礎となる価値観
	他人への理解と思いやり
	客観性と総合性
	同価値の教育
	就学前学校の使命
	ケア、発達、学び
	各就学前学校の発展
2.	**目標とガイドライン**
2.1	規範と価値観
2.2	ケア、発達、学び
2.3	子どもの参画と影響力
2.4	就学前学校と家庭
2.5	引継ぎと連携
2.6	フォローアップ、評価、改善
2.7	授業における就学前学校教諭の責務
2.8	校長の責務

〈基礎学校の学習指導要領　目次〉

目次	
1.	**学校における基礎的価値観と使命**
2.	**総合的目標とガイドライン**
2.1	規範と価値観
2.2	知識
2.3	生徒の責任と影響力
2.4	学校と家庭
2.5	引継ぎと連携
2.6	学校と取り巻く世界
2.7	評価と成績
2.8	校長の責務
3.	**就学前クラス**
	就学前クラスの目的と主となる内容
4.	**放課後児童クラブ　（エデュケア）**
	放課後児童クラブの目的と主となる内容

る価値観」とは、スウェーデン社会の基盤となっている民主主義的価値観であり、就学前教育の目的は、教育を通してそれらを伝え、子どもたちの中に育むことにあります。

このような価値観やそれらにとって必要なスキルには当然のことながら非認知能力が色濃く出ており、スウェーデンではそれらを築くための取り組みをしばしばVärdegrundsarbete（ヴァーデグルンズアルベーテ）と呼んでいます。実際に、「非認知能力？　なにそれ？」と冒頭で言っていた教育関係者たちも非認知能力について説明すれば、「あぁ、Värdegrundsarbeteのことね！」と反応する人が多かったです。スウェーデンの学習指導要領には、「スウェーデン社会ではこういった価値観を大切にしていますよ、そしてこれからの社会を考えるとこうした価値観、能力を身に着けてほしいです」といったメッセージが詰まっているといえるでしょう。

次の章では、中山先生が整理をされている3つのグループの非認知能力とスウェーデンの学習指導要領とを比較して、さらに詳しく説明していきたいと思います。

3

日本でも始まった認知能力と非認知能力の一体化

麻衣さん、ありがとうございます。正直驚きました！　あの老教授は非認知能力という言葉を知っていましたが、教育現場の方々はその言葉をご存知ない方ばかり……。しかし、それは知識がないということではなく、日本と違ってすでに当たり前のものとして浸透しているからこそ特別視されていないということなんですね。

しかも、学習指導要領にもちりばめられているため、スウェーデンの教育現場の方々は、自信を持って学習指導要領に準じた認知能力と非認知能力の一体的な教育をなさっているのでしょうね。

わが国でもこれまで以上に認知能力と非認知能力とを一体化していこうと、新しく改訂された学習指導要領の中には、「学びに向かう力、人間性等」をはじめとした非認知能力側の位置づけもより確かなものになり始めています。

しかし、この学習指導要領が改訂されたからといって、一朝一夕に日本の教育が変わるわけではありません。そこには、まさに現場の先生方の実践があって、初めて「絵に描いた餅」にならずに済むわけです。ここからは、少し日本の教育現場で実践を始めていることについて紹介していきましょう。

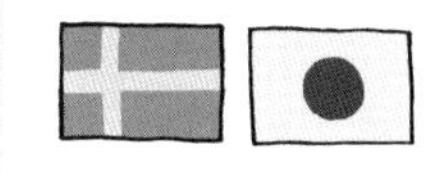

第II章

あらためて非認知能力について

1

教育現場で非認知能力の方向付けに活用できるグルーピング

中山芳一

認知能力と非認知能力

本書を手に取ってくださった読者の中には、「非認知能力」という言葉をはじめて知ったという方もいらっしゃることでしょう。詳しくは私がこれまでに執筆してきた『学力テストで測れない非認知能力が子どもを伸ばす』（２０１８年）や『家庭、学校、職場で生かせる！　自分と相手の非認知能力を伸ばすコツ』（２０２０年）をご参照いただきたいのですが、本書の中でも概要について解説しておきましょう。

まず、「非認知能力（Non-cognitive skills）」とは、客観的な数値では測定できない能力の総称として経済学領域から発信されたといわれています。それでは、非認知能力の「非」を取った「認知能力」とはなんでしょうか？

一般的に「認知する」とは、記憶する、理解する、想像する、判断する……などを指しており、私たちは認知機能によってこれらを可能にしています。例えば、認知機能障害という言葉は、先ほどの認知機能がうまく働かず、機能障害を起こしてしまっていることを指すわけですね。ただし、この認知機能と「認知能力」とは同じ意味としてとらえてはいけません。この二つを同じ意味としてとらえてしまうと、「認知能力」も「非認知能力」も余計に意味がわからなくなるので注意が必要です。

あらためて整理をするとテストなどの客観的な数値で測定できる力が認知能力であり、最も代表的なものとしては学力テストで測定可能な（せまい意味での）学力が挙げられるでしょう。その一方で、ＯＥＣＤ（経済協力開発機構：２０１５）が「社会情動的スキル」を提唱したように、他者との社会的なスキル、自己内の情動的なスキルといったものは、テストで客観的に測定できない力、つまり非認知能力に該当すると言えます。誤解を恐れずに言えば、これまでのＥＱ（心の知能指数）やライフスキルズ、ソフトスキルズなども非認知能力の定義の中に内包されていくでしょう。わが国の人間力や社会人基礎力なども同様です。結局のところ、「非認知能力」という総称は、これまでの様々な能力概念を包括した呼称であり、時代の変遷とともに注目される能力やスキルの呼称としてとらえてしまった方がよいのかもしれません。つまり、精緻で学術的な概念としての使用はあまりふさわ

点数にできる力と点数にできない力

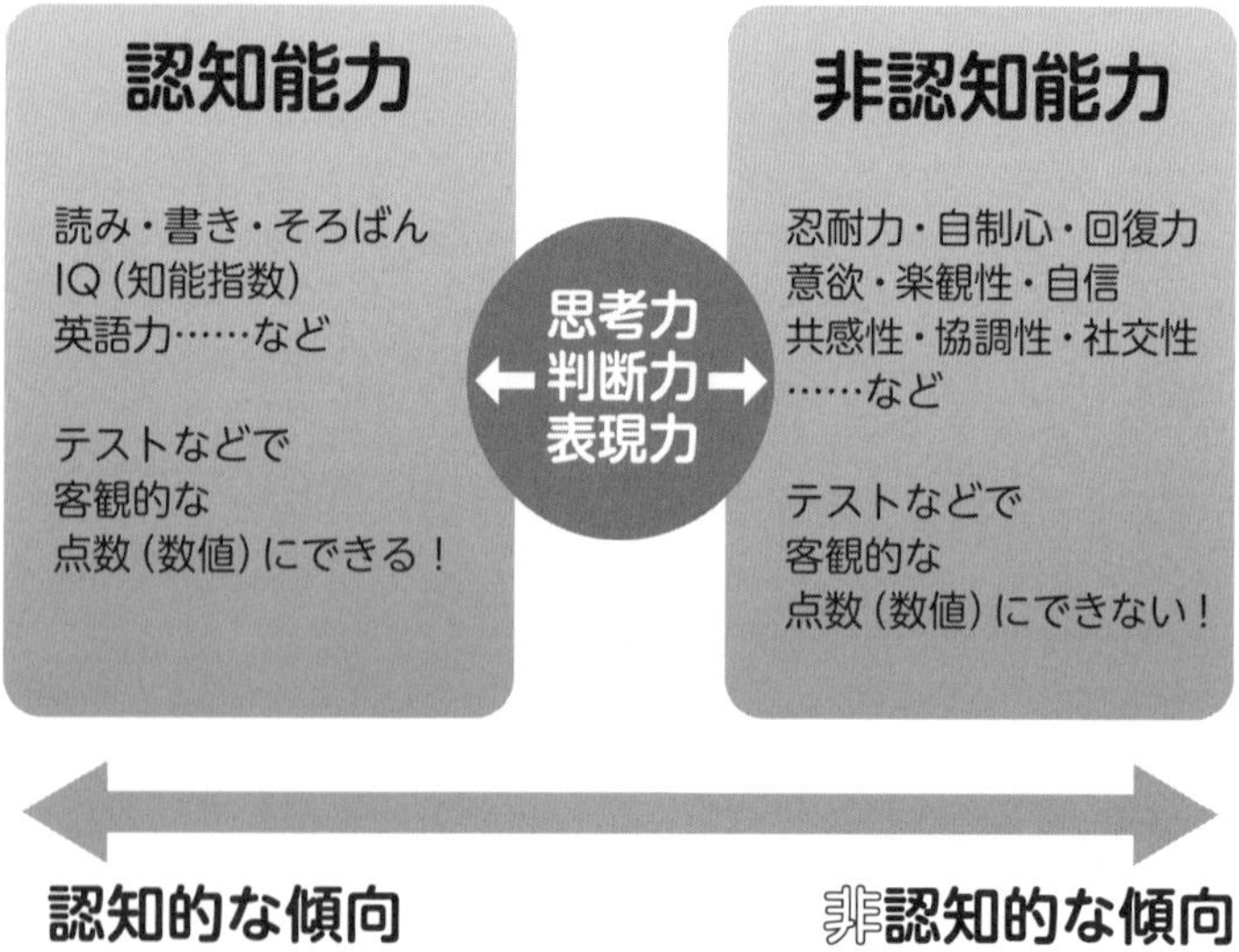

認知能力		非認知能力
読み・書き・そろばん IQ（知能指数） 英語力……など テストなどで 客観的な 点数（数値）にできる！	←思考力 判断力 表現力→	忍耐力・自制心・回復力 意欲・楽観性・自信 共感性・協調性・社交性 ……など テストなどで 客観的な 点数（数値）にできない！

認知的な傾向 ⟷ 非認知的な傾向

出典：『家庭、学校、職場で生かせる！　自分と相手の非認知能力を伸ばすコツ』東京書籍（2020）

しくないと言えるでしょう。

しかしながらとても重要な点は、こうした呼称の問題はさておき、１９７０年代以降にアメリカの経済学者であるサミュエル・ボウルズやハーバート・ギンタス、そしてあのジェームズ・Ｊ・ヘックマンたちが、この「非認知能力」という総称と莫大な教育現場での検証結果を用いて、アメリカの教育政策に認知能力（いわゆる学力）に偏重することの危険性と非認知能力育成の重要性を提唱したことではないでしょうか。実際に、わが国も含めた非認知能力と認知能力を乖離させて、認知能力に重きを置いてきた国々が、近年盛んに非認知能力に対する見直しを行っている印象を持っています。そう考えると、逆にスウェーデンのような非認知能力に関する教育が広く行われ定着している国からすれば、第Ⅰ章のストックホルム大学の老教授や田中麻衣さんの周囲の方々の反応になるのもうなずけます。

また、非認知能力は総称であると先ほどから述べていますが、ここでも注意が必要です。「私、洋食が好きなんだよね」と言っても、実際にはハンバーグやステーキ、パスタやシチューなど色々なメニューがあります。洋食はこれらの総称であることは、みなさんもよくおわかりのことでしょう。つまり、総称をそのまま使ってなんとなく伝わる場合と、もっと具体的に言わなければ伝わらない場合があるわけです。

「私ってなんか非認知能力低いかも……」などという発言は典型的な例ですね。非認知能力の中の何が低いのかを明らかにして使わなければ、相手にも伝わらないし、何よりも改善に生かすことができません。こうした総称問題は、ほかにも「自己肯定感」などが代表的です。ありのままの自分を受容できる「自己受容感」から何かができて認められることで高まる「自信」、人のために役に立つことで得られる「自己有用感」に到るまで、すべてが自己肯定感ですものね。

さらに言うと「認知能力」も総称ですから、学校などでは教科やそのほかの能力分類によって具体化されています。つまり、学力が高い（または低い）と一言で言ったとしても、国語的な学力はどうで、数学的な学力はどうで……という具体化がされなければ、はっきりとその人の能力の状態をとらえることもできないし、改善につなげることもできません。非認知能力にいたっては、内包する能力たちがさらに多様過ぎて、この点が余計に抽象的で、曖昧なものになってしまいがちなのです。

非認知能力を細かく分類してグルーピング

そこで、非認知能力の解像度をさらに上げて細かく分類し、教育現場でどんな非認知能力を伸ばそうとしているのか、いま目の前の子どもたちにはどんな非認知能力が必要なのかなどの方向付けに活用するためのグルーピングを行いました。これは私の持論でもあるのですが、結局のところ、非認知能力がなんなのかを知ったところで、教育現場でこの共通言語が生かされないと意味がないと思うのです。そのため、数ある非認知能力をどのように分類していくのかについて検討を進めてきました。ちょうど、ＯＥＣＤも３つの枠組みを設けて社会情動的スキルをグルーピングしています。先ほどの洋食の例でいえば、「肉・

OECDによる社会情動的スキルと3つのフレームワーク

認知的スキル、社会情動的スキルのフレームワーク

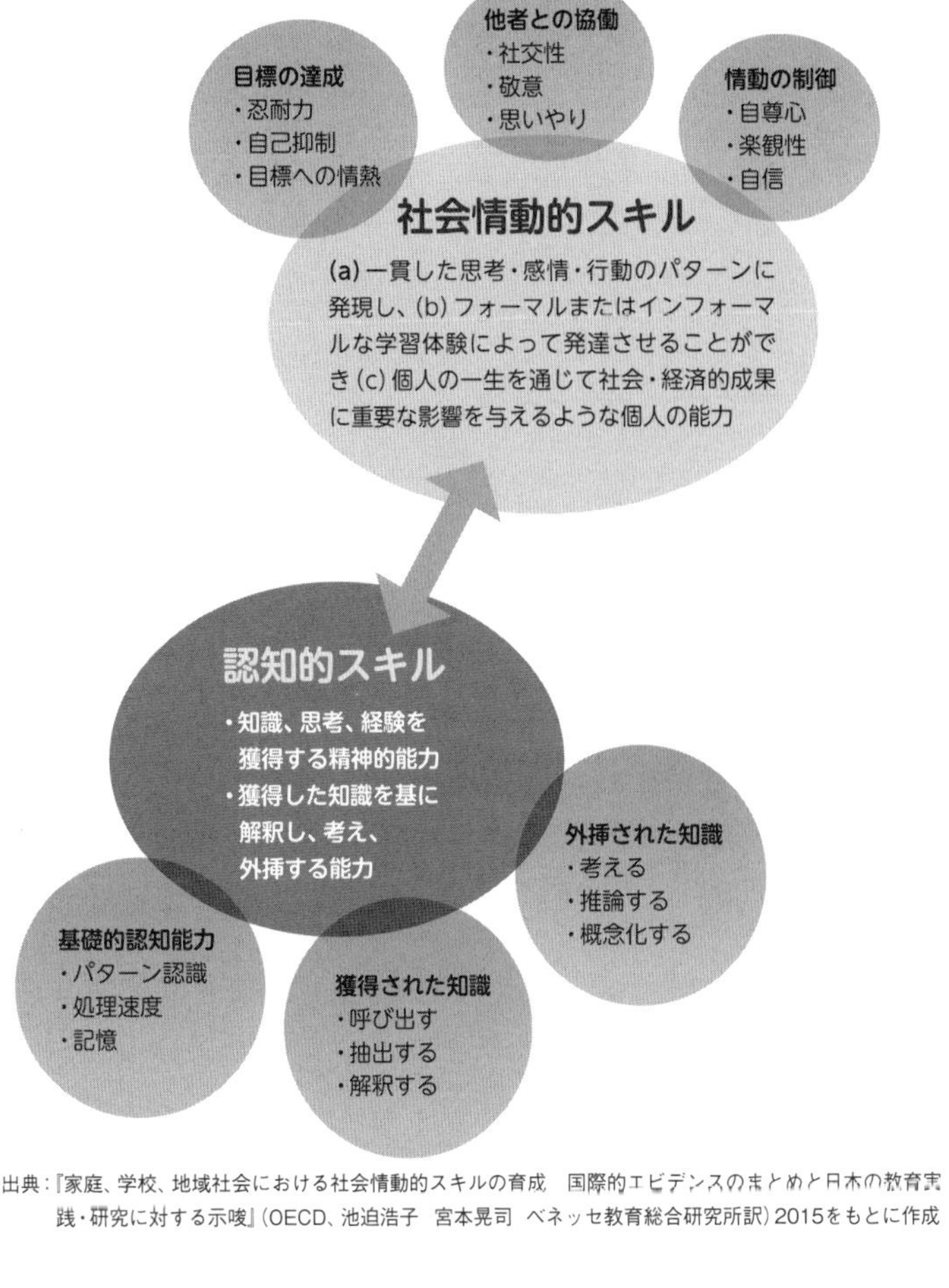

目標の達成
・忍耐力
・自己抑制
・目標への情熱

他者との協働
・社交性
・敬意
・思いやり

情動の制御
・自尊心
・楽観性
・自信

社会情動的スキル

(a)一貫した思考・感情・行動のパターンに発現し、(b)フォーマルまたはインフォーマルな学習体験によって発達させることができ(c)個人の一生を通じて社会・経済的成果に重要な影響を与えるような個人の能力

認知的スキル

・知識、思考、経験を獲得する精神的能力
・獲得した知識を基に解釈し、考え、外挿する能力

外挿された知識
・考える
・推論する
・概念化する

基礎的認知能力
・パターン認識
・処理速度
・記憶

獲得された知識
・呼び出す
・抽出する
・解釈する

出典：『家庭、学校、地域社会における社会情動的スキルの育成　国際的エビデンスのまとめと日本の教育実践・研究に対する示唆』(OECD、池迫浩子　宮本晃司　ベネッセ教育総合研究所訳)2015をもとに作成

魚・野菜……」という材料での分け方もできれば、国籍で分けることもできます。また、「ご飯・麺・パン……」といった分け方もできそうです。つまり、分類に整合性が取れていて、なおかつ現場で活用しやすい分け方としての最適解を模索してきたのです。

しかし、その前にもう一つ大きな問題があります。それは、どこまでを「非認知能力」とするのかということです。先ほどの通り、学術的に精緻な定義づけがなされているわけではなく、「客観的な数値で定量化できない力」という極めて包括的な総称であるため、学問領域によっても「非認知能力ボーダーライン」は変わってきてしまうのです。

例えば「創造力」はどうでしょう？　認知能力としてとらえることもできれば、非認知能力としてとらえることもできそうです。それぞれの識者によって、大いに見解が変わってきそうな力の一つだと考えられます。そして、学問領域ごとに定義やルールも異なるがゆえに、領域を超えて「そちらが間違っていて、こちらが正しい」とも言い難いものではないでしょうか。

そのため、私は認知能力と非認知能力との間に「思考系能力」を設けて、二項関係ではなく三項関係にした上で、明確なボーダーラインというよりは傾向性（スペクトラム）の関係で整理をしてきました。ただし、その中でも先ほどの社会情動的スキルのようなものは、かなり非認知能力側に寄せた位置づけをしています。

その上で、非認知能力側に焦点を当てた場合、どのようなフレームによってグルーピングすればよいのかを考えただけでも多様な選択肢があるわけです。実際に、識者の方の文献などを拝読していても、とても納得のいくグルーピングをされている場合もあれば、逆に整合性をあまり感じられないグルーピングもあったりと様々です。

かくいう私は、前書（2018年）から紹介し続けている、3つのグルーピングを提唱してきました（次ページ図参照）。このグルーピングは、何よりも自分に対する（対自的）力と他者に対する（対他的）な力へと二分することが前提になっています。これは、社会情動的スキルにおける情動（対自）的なスキルと社会（対他）的なスキルとが接合している点からも、最も明確な分け方になっていると判断したものです。その上で、対自的な力についてはさらに分ける必要性を感じていました。というのも、教育現場で伸ばしたい子どもたちの非認知能力は、対自的な力の中をさらに整理していかなければ、どうしても抽象的で曖昧な状況に陥ってしまいがちだったからです。そこで教育現場の先生たちと一緒に検討してきた結果、対自的な力を二つに分けることができました。

教育現場では、先生と子どもが主に二つの対自的な力を共有しているのではないかとい

3つの枠組みで整理した非認知能力

対自的
変革・向上系能力群
自分を高める力
○意欲・向上心
○自信・自尊感情
○楽観性……など

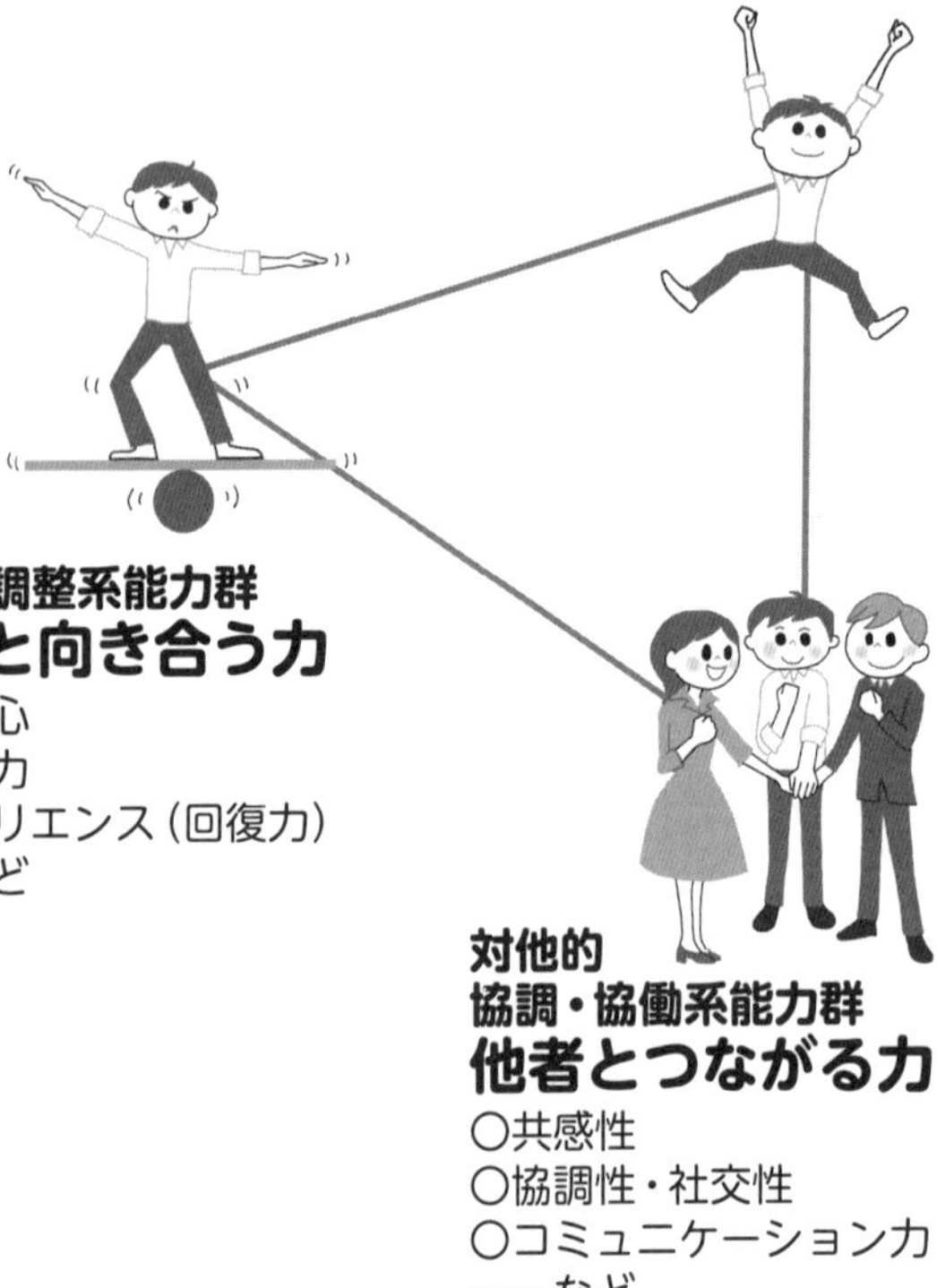

対自的
維持・調整系能力群
自分と向き合う力
○自制心
○忍耐力
○レジリエンス（回復力）
……など

対他的
協調・協働系能力群
他者とつながる力
○共感性
○協調性・社交性
○コミュニケーション力
……など

出典:『家庭、学校、職場で生かせる！　自分と相手の非認知能力を伸ばすコツ』（中山芳一　東京書籍）2020

う仮説に到ったのです。一つは、いまの自分の状態を維持したり調整したりできるために必要な力です。いまの自分を維持するためには、ときに我慢すること（忍耐力）や心を落ち着かせること（自制心）や気持ちを切り替えること（回復力）が求められ、こうした力を先生たちは教育現場で子どもたちに伸ばそうとしています。このような力たちのグループ名を「自分と向き合う力」と銘打ちました。

もう一つは、いまの自分の状態をさらに変革したり向上したりできるために必要な力です。いまの自分を向上していくためには、ときにやる気を奮い立たせること（意欲・向上心）や自分ならできると信じること（自信・自尊感情）やポジティブに物事に取り組むこと（楽観性）が求められ、先生たちはこうした力を「自分と向き合う力」と同様に教育現場で子どもたちに伸ばそうとしています。このような力たちのグループ名を「自分を高める力」と銘打ちました。

そして、二つの対自的な力に加えて、もう一つの対他的な力として、他者との意思疎通を図るためのコミュニケーション力や他者の心情を想像的に理解しようとする共感性、さらには他者や集団との共同生活のために必要な協調性や社交性などの力のグループ名を「他者とつながる力」と銘打ちました。

以上の説明の通り、現在、私が関わっている様々な教育現場では、この3つの非認知能力グループを基本的な枠組みとしながら、各教育現場にマッチしていて、なおかつ活用しやすい非認知能力の整理を行ってきています。しかし、私の中では、このグルーピングが決して「正解」だとは思っていません。仮に、もっと整合性が取れていて、教育現場でさらに活用しやすいグルーピングを見出すことができれば、すぐさまアップデートしていきたいと思っているほどです。そんな日が来ることをむしろ願っています。何より、そんなことができるのも、教育現場の先生方と一緒に課題解決をしていけるからだと確信しているところです。

岡山県教育委員会による「夢育」

最後に、前述の3つの非認知能力グループを採用してくださった上で、4つ目のグループを加えた岡山県教育委員会による「夢育」を実践例としてご紹介しておきます。夢育とは、先ほどの自分を高める力を中心とした非認知能力を育てることが、岡山県の子どもたちの「夢（将来就きたい仕事や時間のかかる大きな願望だけでなく、今はできないけど実現したいこと）」を育てることになるという前提で取り組んでいる教育方針です。この「夢

岡山県では4つの非認知能力で夢育を

育てたい非認知能力

夢育

自分と向き合う力

自分を高める力

他者とつながる力

地域とつながる力

育」を掲げ、県内に浸透・定着することによって、学校園内外の教育現場で、先生や地域の大人たちが、子どもたちの非認知能力を育てることを明確に意識できることが期待されています。すでに県内では、学校・園や地域の中で「夢育」が子どもと大人の合言葉になり始めているところが出てきました。

では、3つの非認知能力にもう一つどんな力が加わったのかというと、対他的な力について「他者とつながる力」を「個と個」がつながる力とした上で、「個とコミュニティ」つまり地域社会とつながる力を敢えて別枠にして「地域とつながる力」を新たに設けられているのです。私は、これを岡山県教育委員会からの提案として伺ったとき、とても嬉しかったことが忘れられません。出来合いのものをそのまま使うのではなく、そこに各自治体や各現場のテーマに則ってアレンジしていくという取り組みがあって、初めて生かせるものになると思ったからです。今この本を読んでくださっているあなたが非認知能力のグルーピングをする際には、ぜひこの夢育のエピソードを思い出していただけると嬉しいです。

2

日常にあふれる機会を継続的に活かし続けることで向上される

田中麻衣

中山先生の提唱される3つのグルーピング、簡単な言葉で子どもにも大人にも理解してもらいやすい点が魅力的です。こちらを基に、実際にグルーピングを活用する先生や子どもたちの両者が一番使い勝手の良いグルーピングをする。この工程そのものが先生間の共通理解をつくるうえでも、子どもたちが非認知能力に対する理解を深めるうえでも、重要な意味を持つように思います。グルーピングの図に「など」と明記してあるように、自分を高める力は意欲や向上心だけではありません。他にどんなことが自分を高める力として挙げられるか、子どもたちに聞いてみると色んな意見が聞けそうです。

スウェーデンの就学前教育の学習指導要領には、35ページの図のような形で非認知能力

教育に子どもたちの意見を取り入れ、子どもたちが自分なりの理解を築けるようにし、自身の置かれた状況を踏まえた上で選択することができるような機会を与えること。そうすることで、子どもたちは自らの能力に自信をつけ、参画する力を築き、自ら受ける教育へ影響を与えることができる。

スウェーデンの就学前教育学習指導要領第一章：就学前学校における基礎的価値観と使命「客観性と総合性」

すべての子どもに前進すること、困難に打ち勝つこと、そしてグループに貢献することで得られる満足感や喜びを経験させること。

スウェーデンの就学前教育学習指導要領第一章：就学前学校における基礎的価値観と使命「就学前学校の使命：ケア、成長、学び」

教育は子どもたちに共感する力や思いやる力を磨く機会を与えなければならない。それは他人の状況への共感や理解を奨励したり、強化することでなされる。教育は人々の異なる理解や違った生き方への寛大さや尊重が浸透されていなければならない。そうすることで子どもたちが人生についての疑問について様々な方法で思案したり、共有したりできるようになる。

スウェーデンの就学前教育学習指導要領第一章：就学前学校における基礎的価値観と使命「基礎となる価値観」

が出てきます。例えば一つ目の引用文では、どんなことが子どもたちの自信につながるかについて、子どもたちの参画の重要性を取り上げています。

自分の意見が反映されることで、教育を自分事にする。答えを与えられるのでなく、自分や友達の考えを試したどり着くことで、自信をつける。決定に際しては自分の置かれている状況を正しく理解し、それに応じた選択をする。このように、自分の意見が反映されたり、自分の考えを試した上で答えにたどり着けたり、自分で選択したりする経験を生み出すような機会は日常にあふれていると思います。そういった機会に気づき、継続的に活かすことが、非認知能力向上に大きく貢献すると考えています。

だからこそ、とにかく意識づけし、大人も子どもも、その機会を逃さないようにしなければならない、と思わされる一文です。

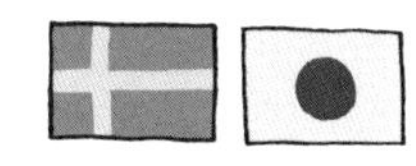

第Ⅲ章

教育現場で非認知能力を伸ばす実践ステップ

1

教師全員が「自分ごと」としてとらえ、取り組むべきこと

中山芳一

意識づけから行動の習慣化

アメリカで子どもの貧困と教育政策を専門に執筆活動をしているジャーナリストのポール・タフは、「非認知能力は教えられて伸ばすものではない、環境の産物である」と言っていました。正鵠(せいこく)を射ていると思います。非認知能力に限らず、教育や保育、子育ては、いかに環境へ働きかけるかが重要であるということは、これまでの数多くの実践からも確認されてきた大切な教訓です。

とりわけ自分の内面と強く結びついている非認知能力ともなれば、自ら「もっと落ち着けるようになりたい」「やる気を出していきたい」「折り合いをつけられるようになりたい」……などと自分の中で意識を働かせていくことが重要です。そのため、相手の非認知能力を伸ばしたいときには、指示や命令などの押し付けでは難しいわけです。だからこそ、私

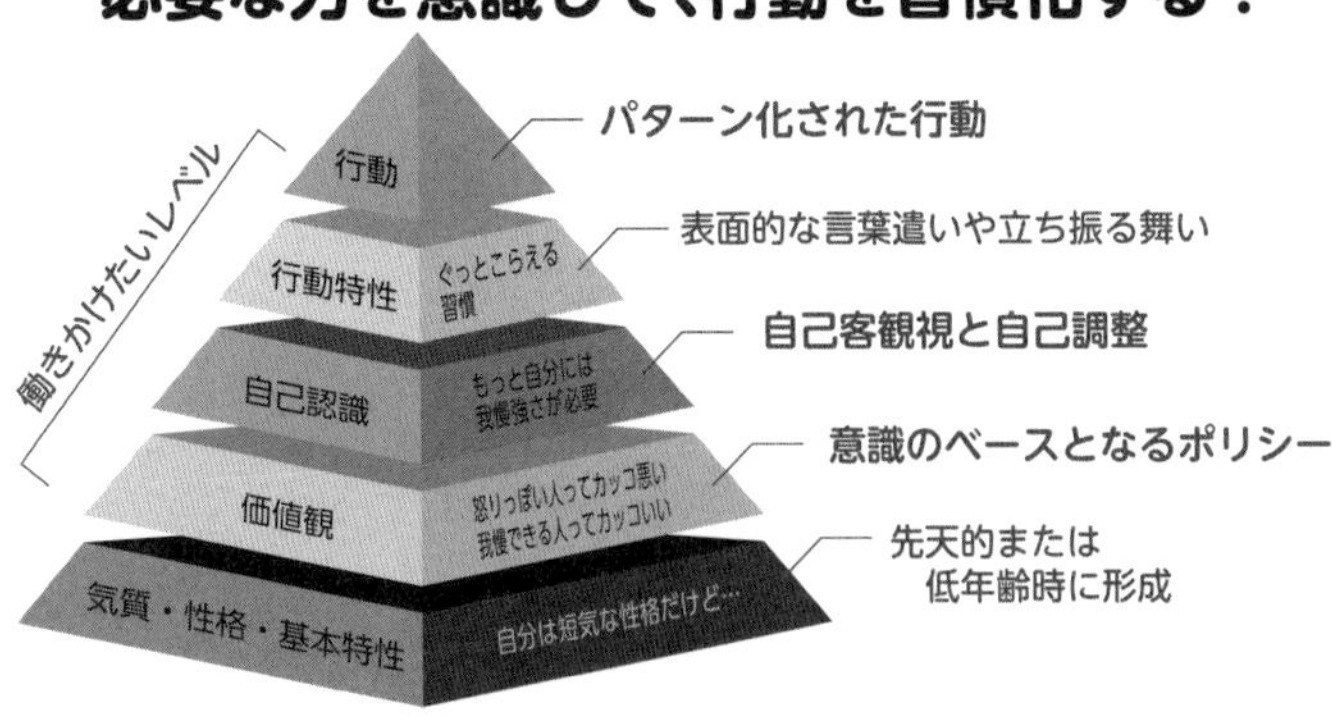

たちは、何かを押し付けるのではなく「意識づけ」を試みることで、相手にその非認知能力に応じた意識を働かせやすくなるようにサポートしていくしかないのです。さらに、この意識を中長期的に持続させながら習慣（パターン）化まで発展できるとより望ましい状態に近づけられるでしょう。

この意識することから行動を習慣（パターン）化していくまでの実際的な構造はどのようになっているのでしょうか？　まずは、上のピラミッドの図をご覧ください。

非認知能力とは、生涯を通じて後天的に形成されていく人格と切っても切り離せない関係にあるといえます。誤解を恐れずに言い換えるなら、「人格を形成する上で求められる認知能力以外の力」を非認知能力ととらえているわけです。そして、この人格形成の土台となるのは、先天的に人が持ち合わせている気質や低年齢児に形成される性格、さらには発達障害特性などの基本特性が挙げられます。しかし、これらは幼児期以降の成育歴の中で変容することが困難なものです。

一方で、ピラミッドの最上部にある表面的な行動（言葉遣いや立ち振る舞いなど）については、変容させることが簡単であると同時に、ともすれば本質的な変容ではなく「その場しのぎの変容」になりかねません。そのため、その時々の表面的な行動ばかりを教え込んでも、相手の人格形成を支援することにはなり得ないでしょう。教育（education）という営みが、人格形成を支援する営みであるのならば、表面的な行動の教え込みではなく、いかに相手の非認知能力を引き出す（educe）ための働きかけをできるかが問われていることになります。

そこで働きかけていきたいのが、ピラミッド構造の中間にある「価値観・自己認識・行動特性」です。なぜなら、これらは気質や性格と異なり後天的に変容できるとともに、表面的な行動と違って状況や場面に応じて汎用性も高いからです。それでは、順番に説明していきましょう。まず価値観ですが、私たちが大切にしたい信条やポリシーであり、様々な場面の判断基準になるとともに、「こうしていきたい、あんな人になってみたい」などという意識のベースにすることです。次に自己認識とは、自分のことを客観的に見て、その上で自分に必要なことは何かを意識して、自分の行動を調整することです。そして行動特性は、自らの意識によって変容し始めた行動を定着させていき、その行動を習慣（パターン）にまでしていくことです。

例えば、性格的に短気な子どもであっても、寛容で忍耐強い人のカッコよさに触れたことで一つの価値観を持ち、自分がそのイメージに近づくためには我慢が足らないことに気づき、忍耐力という非認知能力が必要だと意識し始めるわけです。そして、日々の生活の中でイラついたことにぐっとこらえられるようになっていく……次第にその子は、当たり前のようにぐっとこらえることが習慣化され、周囲の人たちから見ても「アイツ、最近まるくなったよな！」と評価されるようになります。このように、私たち大人も子どもも、自ら非認知能力を意識して行動を変容し始め、習慣化した行動などをアウトプットし続けていく中で、他者たちからもその変容を評価されるわけです。

ここで、話を環境に戻しますね。相手が価値観と自己認識から、意識をはっきりと持てるようになるとともに、それを習慣（パターン）化していくためには、私たちが相手に直接教えるばかりではなく、これを可能にする環境そのものを構成していく必要があるのです。人はその環境から必要なことを自ら学び、習得します。そして、人は環境に応じた振る舞いや行動をするようにもなります。つまり、相手が特定の非認知能力を伸ばしやすい環境をこちらが構成することさえできれば、意識づけや行動の習慣（パターン）化へ結びつくこととなるのです。

特にここで構成していきたい環境とは、お金をかけて新しい施設や設備をつくったり、最新機材を投入したりといった物的な環境のことではありません。あくまでも人的な環境についての取り組みが中心です。言い換えれば、各学校園単位の教員たちが、個人ではなくチームとして何をすればよいのか……ということです。

そもそも教育は、勉強を教えることとイコールではなかったはずです。教育とは、子どもが大人になっていく上で人格形成を支え、自己実現を助けていくことであり、勉強を教えて学力（認知能力）を獲得・向上させることは、あくまでもその中のごく一部であったはずです。いつの間にか、教育が認知能力の獲得・向上に偏り過ぎてしまったために、そのアンチテーゼとして非認知能力が注目を集めるようになってしまいました。第Ⅰ章でも触れたとおり、教育の本質を忘れていない人たちからすれば子どもの非認知能力を伸ばすことは当たり前のことであり、認知能力と一緒に引き出していく力なのです。

私の学生時代の同期で、大学卒業後20年以上ずっと小学校の教員をしている友人がいます。以前、私が2018年に出版した『学力テストで測れない非認知能力が子どもを伸ばす』を読んだ後の感想として、彼はこう言ったのです。

「別に（お前の本を）悪く言っているわけじゃないんだけど、あの本には特に特別で新しいことは書いてなかったよな」

彼の言葉は、いまでもずっと私の心に残っています。というのも、この言葉を彼から聞いたとき、彼はこの20年以上もの間、ずっと「教育者」だったのだと確信できて誇らしかったからです。たしかに、そうなんですよね。非認知能力自体も非認知能力を伸ばす方法も、決して特別で新しくはありません。ただ、これまで経験の中に埋め込まれてきたものを非認知能力というキーワードに助けてもらいながら言語化しただけなんです。

ただし、一つ忘れてはいけない点は、非認知能力育成の取り組み、つまりは「学びに向かう力、人間性等」を涵養する取り組みが上述の彼のような個々の「教育者」だけに委ねられるのではなく、ベテランから新人に到るまでチームとして組織的に、いかに取り組んでいけるかを問われる時代になったということです。そのためには、特定のスーパーティーチャーだけの教育実践ではなく、教師チームとして共に取り組んでいける教育実践が必

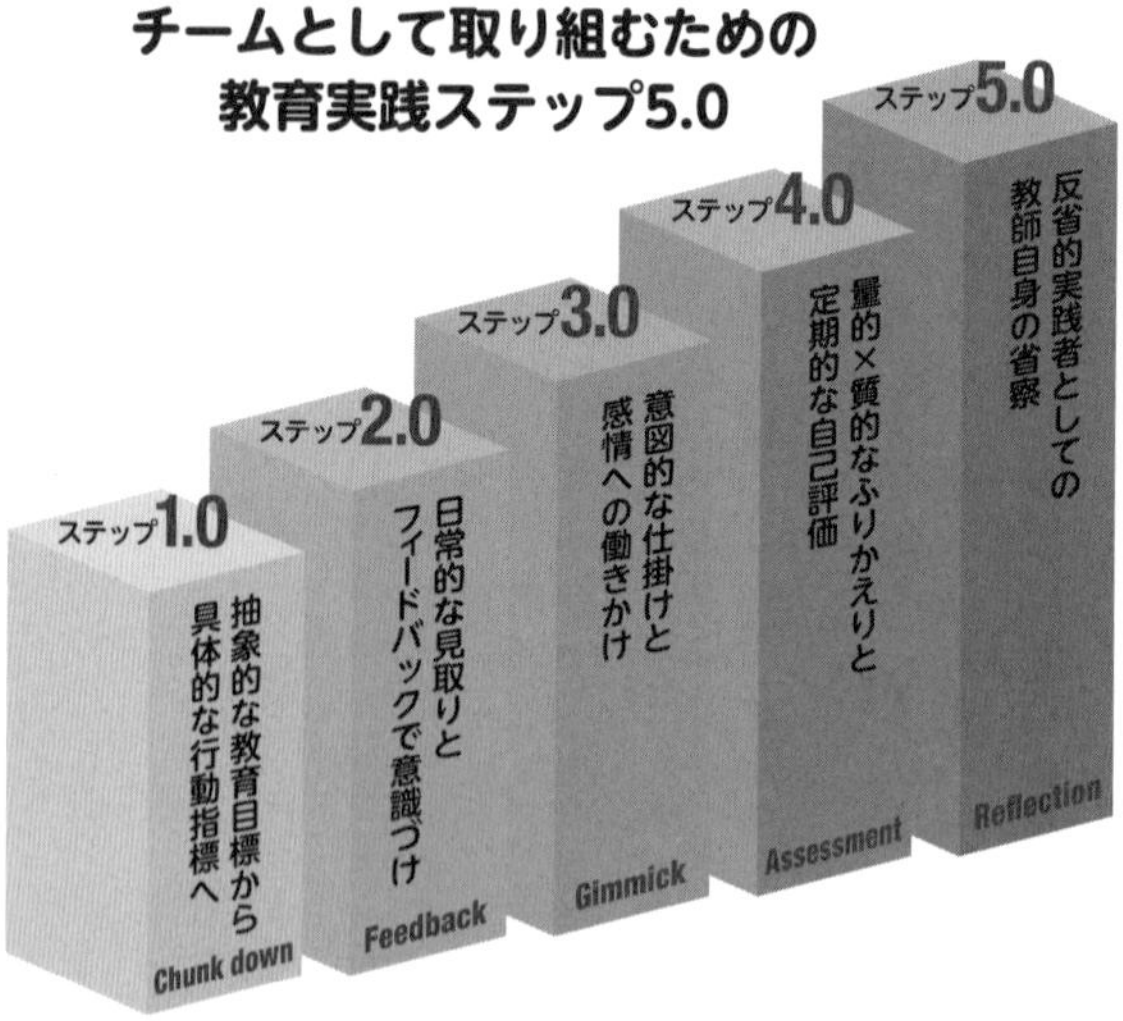

チームとして取り組むための
教育実践ステップ5.0

ステップ1.0
抽象的な教育目標から具体的な行動指標へ
Chunk down

ステップ2.0
日常的な見取りとフィードバックで意識づけ
Feedback

ステップ3.0
意図的な仕掛けと感情への働きかけ
Gimmick

ステップ4.0
量的×質的なふりかえりと定期的な自己評価
Assessment

ステップ5.0
反省的実践者としての教師自身の省察
Reflection

要となってきます。

そこで、私はいろんな教育現場で段階的かつ組織的に教師たちが取り組んでいけるような「教育実践ステップ5.0」を考案しました。この実践ステップは、特別に新しい何かに取り組むのではなく、いま先生方が取り組んでいることを「非認知能力育成」という観点から整理、抽出、再構成したものになっています。

それでは、実際にどんな取り組みをしているのか紹介していきましょう。

教師チームとして取り組んでいく 5つの教育実践ステップ

まず、上の「チームとして取り組むための教育実践ステップ5.0」をご覧ください。先ほどの通り、教師たちがチームとして共に取り組んでいく5つのステップです。あくまでもサイクルではなくステップであるため、どこからでも始めてもよいというわけでなく、きちんとした段階を踏んでいく必要があります。つまり、ステップ1.0の「抽象的な教育目標から具体的な行動指標へ（チャンクダウン）」にチームで取り組むからこそ、次のステップへと歩みを進めていけるわけです。実際に、こちらをご覧いただくと、内容的に違いはあったとしても、優れた教師であれば個人的に取り組まれていることばかりではないでしょうか。しかしながら、これはあくまでも個人的ではなく組織的でなければいけません！　この点を踏まえて、各ステップのポイントをご紹介していきましょう。

まずは、初めの一歩でもあるステップ1.0からです。読者のみなさんが通われていた学校には、校訓などがありませんでしたか？　実際に教育現場の専門職者の方々でしたら、めざす生徒像や子ども像、学校・園の教育目標や経営方針と言った方がわかりやすいかもしれませんね。

「心豊かで　たくましく　やさしい　子ども」とか、中学校や高等学校になると「自律　協調　創造」といった熟語も登場してきますよね。よくよく考えてみたら「読み　書き　計算」といった校訓を掲げている学校を見たことはありません。おわかりの通り、前者が非認知能力で、後者が認知能力です。つまり、創立100周年を迎えるような学校でも、100年もの歴史の中で、実は非認知能力に該当するようなものを掲げ続けてきたわけです。

このように、少し振り返っただけでもほとんどの教育現場で掲げられ続けてきた非認知能力ですが、一つとても残念なことがあります。それは、多くの教育現場において校訓や理念、めざす子ども像や学校教育目標などが「絵に描いた餅」になってしまっていることです。例えば、校長先生や園長先生は激アツで語ってくださいます。本校（本園）では、こういう理念・教育目標を掲げていて、こんなことやあんなことをやっていて、こんなに子どもが育っているんだ……といった感じです。この話そのものはとても魅力的で、聞き入ってしまいます。しかしながら、いったんそこにお勤めのほかの先生方へお聞きすると、「うちの理念・教育目標って……なんでしたっけ?」みたいな話になってしまうんですね。つまりは、校長先生や園長先生との「ギャップ（温度差）」がすごいんです。

これでは、せっかく各学校・園が長い年月をかけて非認知能力に該当するものを掲げ続けたとしても、実際に体現することが難しくなってしまいます。結局のところ、そこに従事されている先生方全員が校訓や理念、めざす生徒像や学校教育目標を「自分事」としてとらえていなければ「絵に描いた餅」にとどまってしまうことになるんです。だからこそ、私は先生方と抽象的な校訓や理念などの解像度を上げるためにチャンクダウン（具体化）をしています。これは、先ほどのチーム内ギャップを回避するためにも、できるだけその校・園にいらっしゃる全員に参加してもらって、グループに分かれて取り組んでもらいます。このときによく使う方法が「アイデアドーナツ」です。これを囲んでみんなで「ああでもない、こうでもない」と取り組んでいくと、あの先生はこんなことを考えながら子どもと関わっていたのか……なんてことまで知ることができます。いま、教育現場で問題になっている教師の世代間継承（ロストジェネレーション）問題の解消にもつなげていける優れものです。

ちなみに、このチャンクダウンの取り組みは、教育現場だけに必要なわけではありません。例えば、企業理念を企業のトップは熱く語っているけど、その他大勢の社員は共有できていないという実態も少なからずあります。先ほどの学校や園とまったく同じチーム内ギャップです。このギャップは、仮にトップダウンで押し付けてみたところで状況は改善しないでしょう。そんなとき、アイデアドーナツを活用して社員のみなさんでチャンクダウンしてみてはいかがでしょうか。意外に各社員によって違うことをイメージしている実態も見えてくるかもしれません。それを否定し合うのではなく、その上で統一していけると良いですね。実際に、そのように取り組まれて社内ギャップの改善に臨んだ企業も出てきています。

また、チャンクダウンを学校や園で取り組む際に、気を付けたほうが良い点があります。先ほどの通り、学校には校訓もあり、めざす生徒像もあり、学校経営方針や学校教育目標もあります。同じことを言っているようで、微妙にニュアンスが違っている場合もあります。それぞれに意図があってつくられているとは思いますが、はっきり言って多すぎるんですよね。そのため、どれがその校・園にとって一番の「軸」になり得るのかを検討した上で取り組んでください。状況によっては修正や刷新という選択肢さえあり得るかもしれません。これまで「絵に描いた餅」になっていたということは、先生方にもあまり意識されてこなかったわけですからね。それも一つの選択ではないでしょうか。もちろん、チャンクダウンできたからといって、ここで終わりでもありません。子どもは日々変化していくわけですから、チャンクダウンしたものが長きにわたって使えるわけではないかもしれないのです。また、チームのメンバーが変わることで改めて作り直すこともあり得るでしょう。必要に応じて、チーム内で確認してください。

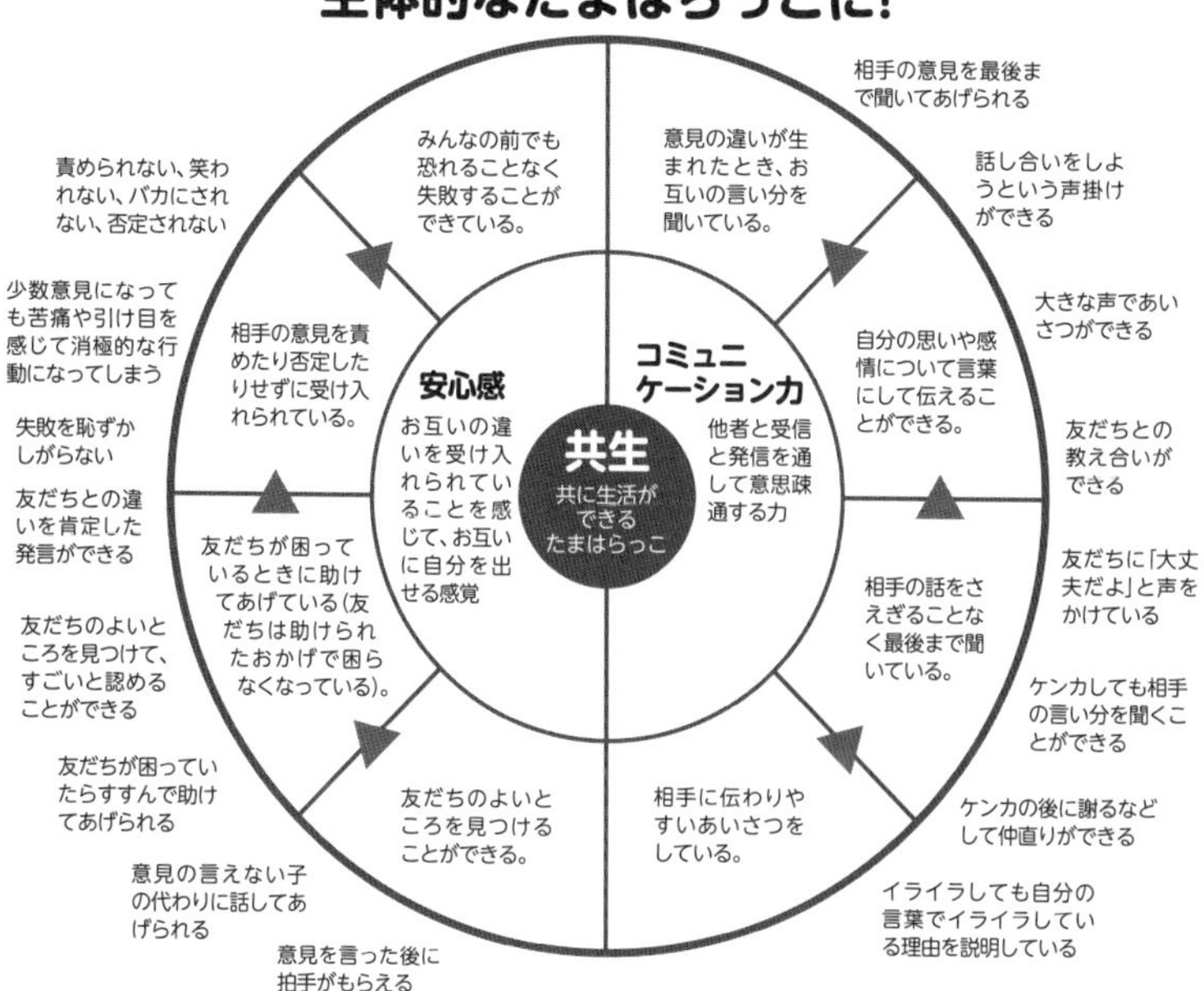

岡山県玉野市立玉原小学校の事例

ここで、改良が加わったアイデアドーナツを使って学校教育目標のチャンクダウンに取り組んだ一例を紹介します。岡山県玉野市立玉原小学校の事例です。玉原小学校では、「自学（自ら学ぶ）」と「共生（共に生活ができる）」という二つを学校教育目標に掲げています。しかしながら、この段階でとどまってしまっていたために、これ以上の具体的な行動指標などが共有されることはありませんでした。そこで、コロナ禍のオンライン研修で、アイデアドーナツを49ページの図のように活用してチャンクダウンを試みたのです。まず、先生たちと「共生」についてひも解いていくと、子ども同士が安心感を抱けていることと子ども同士が意思疎通（コミュニケーション）を図れていることの二つが浮かび上がってきました。つまり、玉原小学校における「共生」は安心感とコミュニケーション力によって構成されることが明らかになったわけです。その上で、子どもたちが安心感を抱けている具体的な行動と子どもたちがコミュニケーション力を伸ばせている具体的な行動について、先生方の日常から見えている子どもの姿を付箋紙に書き出してもらいました（49ページ図の円の外側参照）。

ここから、類似したものをある程度グルーピングして、レベル1からレベル4まで段階（ルーブリック）化すると51ページの図になります。こうして、抽象的な「共生」の構成要素とその構成要素ごとの最も具体的な子どもの姿（行動）を書き出した上で、中間となる行動指標を明らかにすることができたわけです。さらに、「共生」だけでなく「自学」についても同様の作業に取り組めば、次ページの図のように「自学」と「共生」の樹形図が完成しました。ぜひ、玉原小学校の例を参考にみなさんの学校や園でも取り組んでみてください。

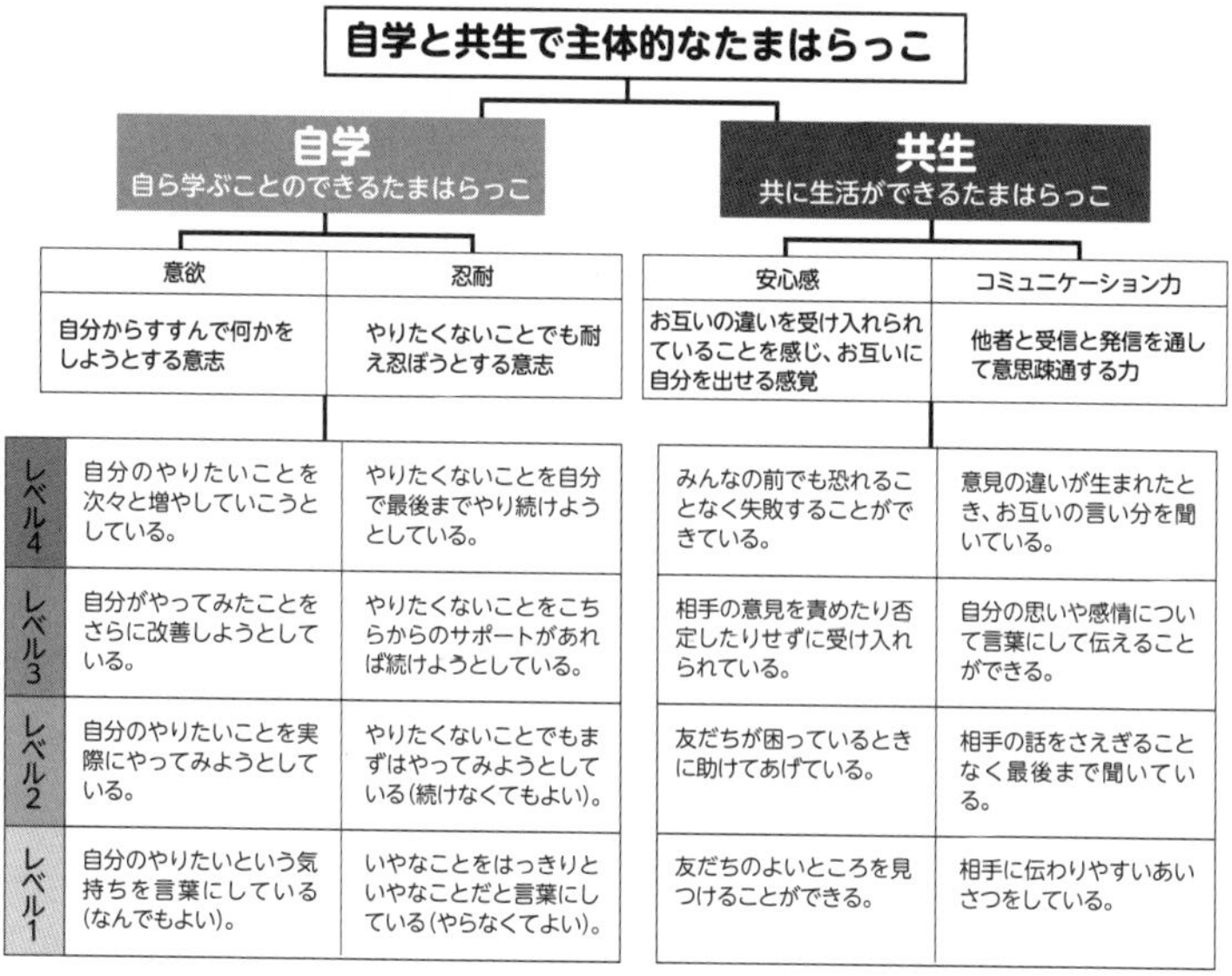

自学と共生で主体的なたまはらっこ

自学
自ら学ぶことのできるたまはらっこ

	意欲	忍耐
	自分からすすんで何かをしようとする意志	やりたくないことでも耐え忍ぼうとする意志
レベル4	自分のやりたいことを次々と増やしていこうとしている。	やりたくないことを自分で最後までやり続けようとしている。
レベル3	自分がやってみたことをさらに改善しようとしている。	やりたくないことをこちらからのサポートがあれば続けようとしている。
レベル2	自分のやりたいことを実際にやってみようとしている。	やりたくないことでもまずはやってみようとしている（続けなくてもよい）。
レベル1	自分のやりたいという気持ちを言葉にしている（なんでもよい）。	いやなことをはっきりといやなことだと言葉にしている（やらなくてよい）。

共生
共に生活ができるたまはらっこ

	安心感	コミュニケーション力
	お互いの違いを受け入れられていることを感じ、お互いに自分を出せる感覚	他者と受信と発信を通して意思疎通する力
レベル4	みんなの前でも恐れることなく失敗することができている。	意見の違いが生まれたとき、お互いの言い分を聞いている。
レベル3	相手の意見を責めたり否定したりせずに受け入れられている。	自分の思いや感情について言葉にして伝えることができる。
レベル2	友だちが困っているときに助けてあげている。	相手の話をさえぎることなく最後まで聞いている。
レベル1	友だちのよいところを見つけることができる。	相手に伝わりやすいあいさつをしている。

これができるとステップ1.0が無事にクリアできたことになります。ステップ1.0というだけあって、以降のステップへチームとして歩を進めていくためには必要不可欠です。というのも、これがステップ2.0の見取り（レンズ）とフィードバックの観点になり、ステップ3.0の仕掛け（ギミック）のねらい・意図になり、ステップ4.0の評価（アセスメント）の観点になるからです。従って、まずはしっかりと学校や園などのチーム内で吟味しながらつくり出していってみてください。

「見取り」の構造とフィードバック

次に、ステップ2.0以降についても説明を進めていきましょう。ただ、このステップ2.0の見取りとフィードバックは、すでに先生方が教育現場でされていることだと思います。

例えば、日常的な子どもたちの素敵な姿を見過ごしている先生ってあまりいないですよね。すぐに投げ出しがちだったあの子が、最後まで粘り強くやれるようになっていたり、引っ込み思案で消極的だったあの子が、目をキラキラと輝かせて積極的に発表できるようになっていたり、クラスメイトとうまく関係性を築けなかったあの子が、最近は友だちと楽しそうに話していたり……。多くの場合、学校・園の先生たちは、こうした子どもたちの素敵な姿、素敵な成長・変化を一つでも多く見つけたいし、その変化のために関わりたいから教育を志されてきたはずです。

前書でも紹介した通り、私たちが相手と価値を共有するためには、相手の価値ある行動を常時丁寧に見取って、それをフィードバックすることが必要になります。もちろん、相手の行動抜きに、「○○のようになってほしい」「□□のような姿はステキだね」と発信する場合もあるでしょうが、相手に最も落とし込みやすいのは、やはり相手が実際にやっている行動の中から価値を見出すことです。このことが、相手を大いに「その気」にさせることにつながってくるでしょう。だから、これまでも優れた教師は、優れた見取りができていたのです。

ここで私が言っている「見取り」とは、これまでも教育や保育の現場で大切にされてきた言葉です。文字通り子どもたちの様々な姿を見て取り上げていくということですが、実は、この見取りには「気づき」と「読み解き」と「意味づけ」という三つの段階で構成されていると考えられます。例えば、授業や行事、そのほかの活動で子どもが何らかの行動をしたとしましょう。落とし物を拾ってくれたとか、友だちに励ましの言葉をかけたとか、何でも構いません。まず、このような子どもの行動に「気づけ」ているのかどうかが、見取りの重要な一つになるのです。つまり、優れた見取りができる教師は、ほかの人が気づきにくいことでも気づくことができます。前書で紹介した非認知能力のレンズを駆使して、当たり前のこととして見過ごされてしまいそうなことも見過ごさずに気づくことのできる専門性は、教師には欠かすことのできないものと言ってもよいでしょう。

次に、「読み解き」です。例えば、いつもキレやすい子どもが今日もまたキレてしまったとしましょう。さすがに、明らかにキレてしまった子どもの行動を見過ごしてしまう（気づかない）人はいないでしょう。ただ、その子がキレたことに対して、どのように読み解くのかは人によって異なってくるわけです。「今日もまたあの子はキレてしまった（ほんと、キレやすい子だよね）」と読み解くのか、「いつもとキレ方が少し違うな……。今日は何か特別な事情があるのかもしれない」と読み解くのか、同じ事象に対してもだいぶ異なってきます。優れた見取りのできる教師は、この読み解きが限定的ではなく多面的なので、自ずと深く読み解けるようになっていくのです。

そして、もう一つが「意味づけ」（または価値づけ）です。例えば、何らかの作品を鑑賞した時に、「なんて素晴らしいんだ！」と意味づけ、感動して涙したとします。しかし、仮に同じ作品を鑑賞した場合であっても、人によっては「なんか怖い……」と意味づけ、感動して涙するどころか恐怖感を抱くようなこともあるでしょう。私たちの主観的な意味づけというものはそれぞれであるがために、よく黒澤明監督の映画『羅生門』（1950年）にちなんで「羅生門的」と表現されることもあります。人によって視点や解釈が主観的に異なることは必然であるため、多面的・多角的な思考が大切になってくるわけです。この考え方は、「見取り」においても同じことがいえます。つまり、自分のとらえ方だけに固執せずに柔軟にとらえられるようになろうということですね。これは「気づき」や「読み解

「見取り」という専門性を高める

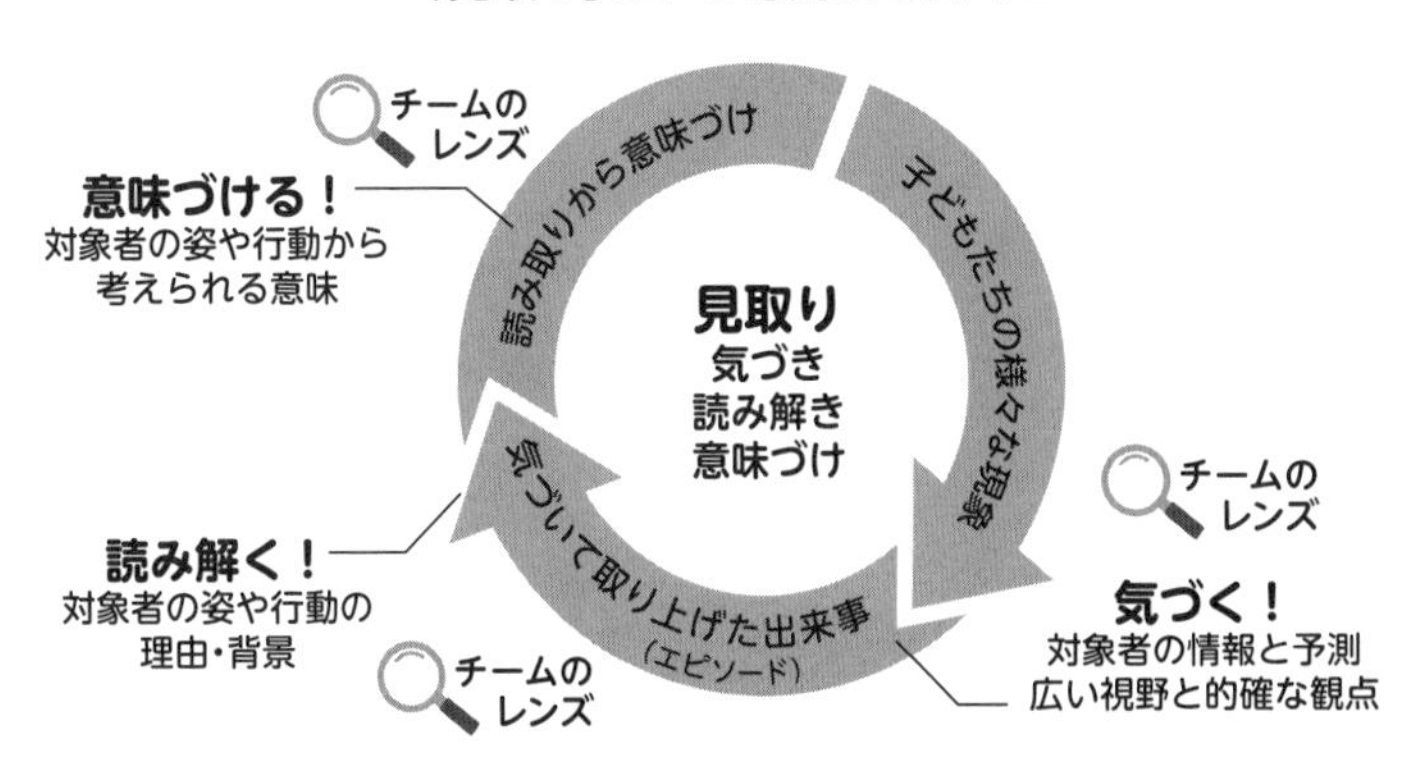

気づかれていないことにも**注意深く**気づくことができる専門性
一面的ではなく**多面的に**読み解きと意味づけができる専門性

き」にも共通しているのでとても重要なポイントです。

例えば、大人からの指示にいつも疑問や意見をぶつけてくる子どもがいたとします。私たちはその子を「大人の指示を聞けない口うるさい子」としてとらえるでしょうか？　それとも「自分で考えて意思表示できるようになった子」としてとらえるでしょうか？　おわかりの通り、前者は問題のある子として意味づけていますし、後者は成長した子として意味づけています。もちろん、状況によっても異なりますが、大切なことは本当にその意味づけだけなのかと立ち止まって考え、別の視点も取り入れることで、凝り固まらない多様な意味づけができるようになるでしょう。

このような「見取り」の構造を55ページの図に示していますので、ご参照ください。

さて、このような見取りにはレンズ（観点）が必要になってくるのですが、このレンズが先ほどのステップ1.0によって言語（具体）化されてチームで共有されていると、チームで同じレンズ（観点）を持って子どもたちのことを見取ることが可能になります。私が関わっている学校の中には、ステップ1.0を踏まえて、先生たちが見取った子どもたちの日々の姿を職員室で共有している学校もあります。そうすることで、ベテランの先生から新人の先生まで同じ目で子どもを見取ることができますし、そこから垣間見えるベテランの先生のさらに専門的な見取りを、新人の先生が学べるきっかけになっていることが、嬉しくてたまりません。

そして、見取ったことに対して相手へフィードバックすれば、相手と価値を共有することができ、価値の共有、すなわち意識づけが可能になっていきます。このフィードバックについては、前書でも説明を重ねてきましたね。

例えば、いま、ここですぐに子どもの価値ある姿をフィードバックすれば、即時的なフィードバックとなってわかりやすく価値の共有ができます。また、即時的ではなく、もっと響きやすいタイミングを見計らってフィードバックする「適時的なフィードバック」があることも紹介しました。

また、このフィードバックによる価値の共有は、あくまでも価値の強要ではないために、相手が共有したいかどうかについては、相手に委ねざるを得ないことも特徴的です。つまり、私たちが相手にとって価値を共有したい人であるかどうか。たしかにほめることも叱ることもフィードバックに違いないのですが、ほめ方や叱り方といった方法にばかり目を向けるのではなく、そもそも相手との関係性が前提にあることを忘れてはいけません。だからこそ、こんなことまで気づいてくれているんだ……こんな意味づけをしてくれるんだ……こんなわかりやすい、響きやすいフィードバックをしてくれるんだ……と相手に思ってもらえることこそが大切なのです。価値を共有したい人って、決して明るく元気で爽やかな人柄が大切なのではなく、見取りやフィードバックについての高い専門性を持っている人なのです。そう考えれば、専門性をますます高めていきたいですよね。

学校・園といった教育現場において、フィードバックは決してその時々のリアルタイムだけに限りません。学級通信などのツールを活用して、リアルタイムのフィードバックだけでなく、子どもたちが帰宅して保護者たちとオフタイムでフィードバックすることも可能なのです。次ページの学級通信をご覧ください。この通信の特徴は、なんといっても非

Vol. 92 **6年1組学級通信** 2022.2.28(月)

文責:谷上

かたちにすること(自分で決める)

他校のA先生が荷物を持って、●●小の廊下を歩いていたとき。

すれ違う人にあいさつをされ、「荷物、持ちましょうか?」と声をかけられたと言います。

声をかけたのは、大人ではなく、6−1のBさんだったそうです。

A 先生はとても嬉しかったようで、校長先生にその話をしてくれました。それを、校長先生が職員朝礼で私たちにしてくださって、このことが分かりました。

私もとても嬉しくなって、A先生に会う機会があったので聞いてみました。すると、こんなことを話してくれました。

> すれ違いざまに自分からあいさつをしてくれたことでさえ嬉しいのに、荷物をもちましょうかなんて言われて、涙が出るくらい、嬉しくなりました。本当に、ありがとうって伝えたいです。私の中では●●小のイメージが「●●の子どもは、すごい! こんなことを考えてやってくれる子どもたち!」というものになりました。

A先生が、本当に嬉しかったんだなあということが伝わってきます。その姿を見て、私も嬉しくなりました。

B さんにも話を聞いてみました。少し照れたように「重そうにしていたので、声をかけました。ありがとう大丈夫だよ、と言われたけど、やっぱり持ってあげたらよかったな…」と話していました。

Bさんの気持ちは、Bさんの言葉と行動によって伝わっています。

そして、A 先生が感じたように、●●小学校全体のイメージさえ、より良いものにしたみたいです。

私は、このことから「思いをかたちにすること」の大切さと、「たった一人の行動でも、何かを変えることはできる」という2つのことを感じました。

B さんは、上のようなことを、自分で決めて、自分で行動しました。どんな自分も、誰かのせいではなくて、結局は自分が創るものです。

残りの日々の生活、そして、中学校生活以降続いていくみなさんの人生。どんな自分で在りたいかを、B さんの姿を通して、私たち一人ひとりどうか、改めて考えたいなあと思いました(^^♪ (もちろん、山もあれば、谷もある!)

認知能力そのものがテーマになって綴られていることです。学級通信を発行されている先生方はいまだに全国的にたくさんいらっしゃいますが、その内容についてはまちまちです。その中で、この学級通信はあったことをそのまま記事にしているというよりも、先生が非認知能力のレンズ（観点）で見取った子どもの姿を記事にしています。このことで、読み手である保護者たちも先生がどんなことを大切にして学級づくりをしているのか、わが子と関わってくれているのかが伝わってくるわけです。このテーマ設定（＝非認知能力）というのが、通信を通したフィードバックになっていくこともぜひ知っておいてください。

ここまで、活用方法も含め教育実践ステップ5.0について説明してきました。いかがでしたでしょうか？　以降もこの実践ステップについて折に触れながら紹介していきたいと思いますが、いったんここでこの章を締めくくらせていただきます。本章の締めくくりに、ここまでの私たちの日本での挑戦についてスウェーデンの田中麻衣さんからどのような感想を持たれたのか、教えていただきましょう。

2

教師同士で行うパフォーマンスの共同評価こそ最も価値ある産物

田中麻衣

中山先生ありがとうございます！　私からは、感想やスウェーデンでの教育との関連性についてお伝えしたいと思います。

まず、全体を通してすごく共感できることが多く、具体例から学ぶことがたくさんありました。非認知能力のための教育実践ステップ1.0に出てきた「絵に描いた餅」問題、まさにあるあるです。（わ、我が校の先生たちは学校の理念と目標言えますよ。決してイタイ熱血校長なんかでは……）アイデアドーナツは初めて知ったのですが、是非活用したいと思いました。ひとつのワード（例では共生）を構成する要素とそれぞれに結びつく具体的な行動の関係性が視覚化するんですね。話し合っていると、つい熱がはいって理想を高く掲げてしまうことってあると思うんです。行動レベルが4段階で分けられていることで、最初の一歩がわかりやすく、また「絵にかいた餅」になってしまうのを防げそうです。

行動指標がレベルに分かれているのを見て、何かに似ているなと思ったのですが、それは先生方用のパフォーマンスアセスメント（次ページの表参照）でした。我々の学校では、毎年度の昇給前に昇給度を決めるため、その年のパフォーマンスを共同評価します（先生方は自己評価を、私は先生方の評価を予め行い、お互いなぜその評価をしたのかを話し、評価をすり合わせていく作業をします）。その際に使うアセスメントに3段階の行動レベルが書かれています。アセスメントは6つのカテゴリーにわかれていて、それぞれに3段階の行動指標が書かれています。6つのカテゴリーの中には第Ⅰ章にも登場した民主主義的価値観を育むための取り組み「Värdegrundsarbete（ヴァーデグルンズアルベーテ）」や公社理念を基にした、「責任感」、「思いやり」、「クリエイティビティ」がでてきます。こうして改めて並べるとアセスメントにも非認知能力が色濃く出ていることに気づきます。

私が学校でチャンクダウンに取り組むときは、3～4人のグループでブレーンストーミングしてもらい出てきたキーワードを付箋に書いてもらいます。各グループで出てきたキーワードから類似したものなど整理したうえでグルーピングし、それを全体に発表。各グループのキーワードを更にグルーピングをした後再びグループでどんな行動や状態がそのキーワードにつながるのかを話し合い、それを全体で発表し最終的にまとめます。アイデアドーナツと過程は似ているのですが、最終的に文章の羅列になるよりもアイデアドーナ

パフォーマンスアセスメントの一部*

	行動指標1	行動指標2	行動指標3
責任感	子どもの安全のためのルーティーンや対策を熟知しており、それに沿った行動ができる	環境に配慮してクラス業務にあたっており、備品を大切にし、子どもたちが環境に配慮した行動ができるよう働きかけている 自分の業務に直接関与しないところでも積極的に行動している 同僚との間に問題がある場合、言いにくいことであっても直接その同僚と話し、解決している	積極的に既存のルーティーンややり方の改善を率先し、行っている 教育的ドキュメンテーションのやり方を更に良くするための提案をし、同僚や姉妹校にインスピレーションを与えている
クリエイティビティ	新しく得た知識を校長のサポートをもって実践に使うことができる 困難に際し解決先を見つけ、柔軟性をもって対応することができる 自分や教育を成長させるものとして多様性と向き合っている 普段からアイディアや提案を提供し、自分の知識を高める努力をしており、新しい知識を得ることに対しポジティブである	学習指導要領を熟知しており、理論を実践に用い、自分のクラスの発展のために積極的に行動している 自分の知識を同僚にシェアし、同僚や上司の提案に対しオープンである 異なる子どもたちの観点を考慮し、クラスづくりや授業づくりを行っている	学校全体にとっての素晴らしいお手本であり、学校また姉妹校のためになるような発展に貢献している 学校全体のためになるような研究や勉強会の提案をしている
共感性	積極的にポジティブな労働環境に貢献している 同僚のアイディアや提案を好奇心をもって聞き、それらが実現するよう奨励、サポートしている 学校の民主主義的環境に貢献している	ネガティブ、あるいはポジティブ両方のフィードバックを相手を慮った言い方で伝えることができる 学校全体の教育にとって良い結果になるよう譲歩することができる 学校で働くすべての人と協力し合い、個人的な都合よりも教育のためになることを優先している	学校全体、あるいは会社全体のより良い労働環境のための改善を、率先して行っている

*約6ページあるパフォーマンスアセスメントの一部と非認知能力に関係ある項目を抜粋。

ツのように視覚化された方が見返した時に、どうしてそこにたどり着いたのかを含め思い出しやすいのではないかと思います。

つい先日、より良い労働環境をテーマに3日間の研修に参加した時も、良い労働環境がどんな環境なのかはそれぞれの会社でみんな一緒になって定義づけするんですよ、と口酸っぱく言われました。付箋を使うにしろ、アイデアドーナツを使うにしろ、この過程で生まれた教師同士のやり取りこそが最も価値のある産物のように思います。「安心感」という言葉ひとつにしても、なぜそれが大切だと思うのか、何をもって安心感があるというのかを各々の言葉で聞くことで、普段意見が合わないと思っていた先生との共通の価値観に気づくことがあるかもしれません。

非認知能力のための教育実践ステップに大きく関係する人的環境の大切さについて中山先生が章の初めに述べられていますが、私もその大切さを毎日のように実感しています。子どもの疑問にただ答えるのか、一緒になって疑問に興味を持つのか……。子どもが転んだ時すぐに起こしてあげるのか、自分で立ち上がろうとするのかもしれないと、まずは見守ってみるのか……。その僅かな差が非認知能力を育む機会の有無を左右するように思います。突拍子もない発言もきちんと聞いてもらえるし、一見ただのわがままのようでもそうだと決めつけずに理解しようとしてもらえる。子どもが大人に対してそんな信頼を抱く関係性が、非認知能力を育む環境には欠かせないのではないでしょうか。

第Ⅳ章

見取りのレンズと仕掛けのギミック

1

授業や行事で非認知能力を子どもたちと共有する実践法

中山芳一

岡山県浅口市立寄島小学校の事例

先ほどの5つの教育ステップ5.0、その中でも特に以降のステップを支えるステップ1.0について中心的に説明してきました。ただ、このステップ2.0に進むためには不十分なことがあります。それは、ステップ1.0からステップ2.0につながる中で、予め意識しておきたい非認知能力を子どもたちと共有することが必要だからです。教師や大人が一人ひとりの子どもの行動をレンズによって丁寧に見取り、フィードバックしていくことはたしかに大切なのですが、同時にそのレンズが教師や大人の中だけで閉じているのではなく、肝心な子どもたちとも共有されていなければ、やはり「絵に描いた餅」になってしまいます。この点は、後の章で紹介する「評価」の問題とも大きく関わってくるでしょう。

次ページの写真は、岡山県の浅口市立寄島小学校の授業中の一場面です。4年生の総合

岡山県浅口市立寄島小学校での非認知能力のめあてを子どもたちと共有する取り組み。

的な学習の時間の中で、教師は児童たちと本時の教科内容についての「めあて」を確認しました。その上で、すでに学校内で共有している学校の非認知能力に関する行動指標の中から、本時では特に何を意識したいのかをたずねているところです。児童たちは口々に意識したい項目を挙げていきます。その声を聞いた教師も、事前に作成しているアイコンを使って、はっきりとわかるように黒板へ提示しているのです。こうやって教科内容のめあてだけでなく、そこに到達する上で必要となる非認知能力のめあても子どもたちと共有している取り組みがあります。

ほかにも、教師側から「特に本時ではこの非認知能力を意識してほしい」と提示する小中学校や高等学校での取り組みもありますし、逆に教師側からの提示ではなく、児童や生徒が各自で設定していくとい

寄島小の「自己肯定感」とは、
①素直な気持ちで
②自分のよさに気づき、
③前向きに取り組むことができる非認知能力

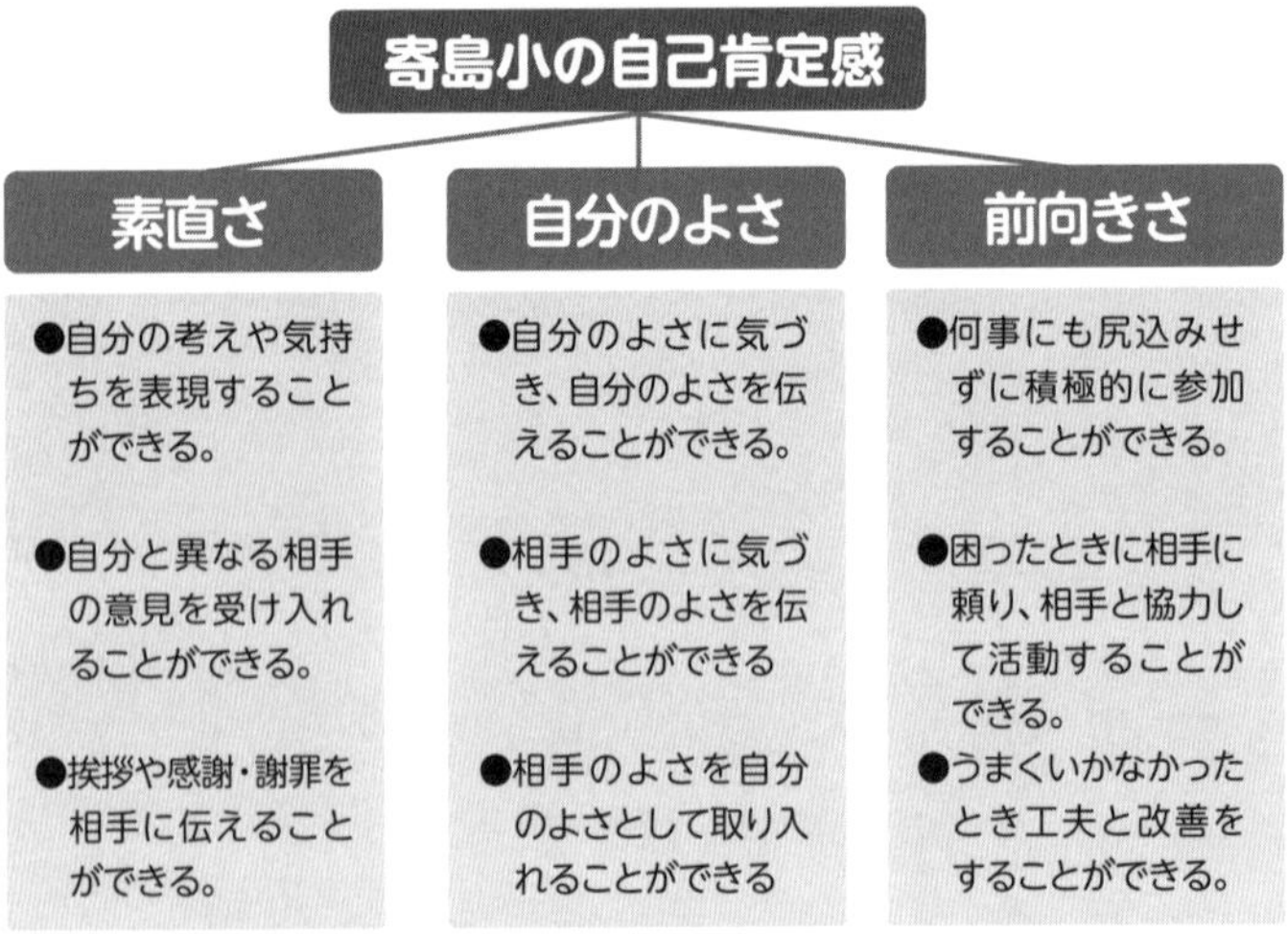

寄島小の自己肯定感

素直さ	自分のよさ	前向きさ
●自分の考えや気持ちを表現することができる。	●自分のよさに気づき、自分のよさを伝えることができる。	●何事にも尻込みせずに積極的に参加することができる。
●自分と異なる相手の意見を受け入れることができる。	●相手のよさに気づき、相手のよさを伝えることができる	●困ったときに相手に頼り、相手と協力して活動することができる。
●挨拶や感謝・謝罪を相手に伝えることができる。	●相手のよさを自分のよさとして取り入れることができる	●うまくいかなかったとき工夫と改善をすることができる。

った取り組みもあります。

このように数ある非認知能力の中でも、どんな力のどんな行動を意識するのかを自分の中で予めセットしておけば、よりはっきりとその意識を働かせやすくなるでしょう。併せて、ふりかえりがしやすくなるなどの効果も期待できます。例えば、いきなり「朝起きて、現在まで何回我慢しましたか？」とたずねられても、すぐに「〇回我慢しました」とは答えられないでしょう。しかし、朝起きたときに「今日は我慢できるようになるぞ！」と意識していた人ならどうでしょうか？ きっと、日常生活の中で我慢できたシーンをふりかえりやすくなっているはずです。「ふりかえり」は、自分自身を客観的に見ることで可能となります。特に、過去のふりかえりをするときには、あの日あのとき、自分はどうだったのかを客観的に見なければなりません。その際に、大人が子どもを見取るときのレンズがあるように、子どもが自分を客観的に見るためのレンズがあるとふりかえりやすくなるとともに、ふりかえりの質も高められるのではないでしょうか。

岡山県勝央町立勝間田小学校の事例

同じく岡山県にある勝央町立勝間田小学校では、コロナ禍が始まった2020年度から運動会という学校行事と非認知能力の育成を連動させています。これは、コロナ禍で運動会も控えめにせざるを得ない状況にへこたれることなく、これまであまり意識してこなかった非認知能力の育成につなげていこうという勝間田小学校の挑戦でもあったのです。2020年度は初めての取り組みということもあり、教師側から次ページの図のような3つの非認知能力と7項目の行動指標を提示するところから始めました。そして、運動会の取り組み前、取り組み中、取り組み後に、いまの自分の状態（5段階評価）を行います。その際に、取り組み前であれば、7項目の行動指標の中で特に伸ばしたいものとその理由を

岡山県勝央町立勝間田小学校のアセスメント

運動会を通して伸ばしたい「非認知能力」の選択		
自分と向き合う力	1	自分のよいところやがんばっているところを見つけようとできる。
	2	落ち込むようなことがあっても、自分で気持ちを切りかえられる。
自分を高める力	3	具体的に目標を決め、その目標へコツコツと向かっていける。
	4	いま取り組んでいることを、さらによりよくしようとできる。
他者とつながる力	5	自分のよいところやがんばっているところを見つけようとできる。
	6	落ち込むようなことがあっても、自分で気持ちを切りかえられる。
	7	集団の中で自分が何をするべきか考えて、意見を出したり、自分の役割を果たしたりできる。

取り組み前の自己評価から現状の把握 →（現状）→ 伸ばしたい非認知能力の設定（課題設定） →（設定）→ 取り組み中の自己評価からふりかえり →（ふりかえり）→ 取り組み後の自己評価から最終確認

書けるようにしています。

また、取り組み後には、運動会の取り組みを経て自分の中でどんな変化があったのかをふりかえるようにしました。すると、71ページの児童A（小6）のように自らの成長・変化を確信し始めたのです。とても興味深い点は、運動会前に書いている理由「みんなとの時間のときに、意見を自分からなかなか言えないから」には、すでにこの子独自の行動指標がつくられていることではないでしょうか。

つまり、この子は運動会の取り組み中の「みんなとの時間」のときに「自分から意見を言う」ことができれば、自己評価を上げることができるわけです。実際

小学6年生A児による現状と設定

A児の場合（運動会前）

【行事の前に】自分の非認知能力はいまどんな感じ？

非認知能力　チェック事項			とても できている				全く できていない
自分と向き合う力	1	わたしは、自分のよいところやがんばっているところを見つけようとできる。	5	4	③	2	1
	2	わたしは、落ち込むようなことがあっても、自分で気持ちを切りかえられる。	5	④	3	2	1
自分を高める力	3	わたしは、具体的に目標を決め、その目標へコツコツと向かっていける。	5	④	3	2	1
	4	わたしは、いま取り組んでいることを、さらによりよくしようとできる。	5	4	③	2	1
他者とつながる力	5	わたしは、友達のよいところやがんばっているところを見つけようとできる。	5	4	③	2	1
	6	わたしは、間違ったり失敗したりしたときに、支え合ったり助け合ったりできる。	5	4	③	2	1
	7	わたしは、集団の中で自分が何をするべきか考えて、意見を出したり、自分の役割を果たしたりできる。	5	4	3	②	1

運動会を通して、自分が伸ばしたい非認知能力（1つ選んで書く）

7、わたしは集団の中で自分が何をするべきか考えて、意見を出したり、自分の役割を果したりでき

その力を伸ばしたいと思った理由

応援合戦などでもみんなとの時間のときに意見を自分から言えないから。なかなか

小学6年生A児による現状と設定

A児の場合（運動会後）

【行事を終えて】自分の非認知能力はいまどんな感じ？

非認知能力　チェック事項			とても できている				全く できていない
自分と向き合う力	1	わたしは、自分のよいところやがんばっているところを見つけようとできる。	⑤	4	3	2	1
	2	わたしは、落ち込むようなことがあっても、自分で気持ちを切りかえられる。	5	④	3	2	1
自分を高める力	3	わたしは、具体的に目標を決め、その目標へコツコツと向かっていける。	⑤	4	3	2	1
	4	わたしは、いま取り組んでいることを、さらによりよくしようとできる。	5	④	3	2	1
他者とつながる力	5	わたしは、友達のよいところやがんばっているところを見つけようとできる。	⑤	4	3	2	1
	6	わたしは、間違ったり失敗したりしたときに、支え合ったり助け合ったりできる。	⑤	4	3	2	1
	7	わたしは、集団の中で自分が何をするべきか考えて、意見を出したり、自分の役割を果たしたりできる。	⑤	4	3	2	1

自分で決めた非認知能力を伸ばすために、運動会を通して何をしたか、やってみてどうだったか、次はどうしたいか。

運動会がおわって私は成長したと思います。
理由は、上の理由といっしょだけど、一番はみんなの前でしゃべれるようになったことです。

に、取り組み後のふりかえりでは、見事に2から5へと自己評価を上げられています。その理由は、「みんなの前でしゃべれるようになった」からでした。こうして、子どもたちにとって色々な非認知能力を伸ばせるチャンスであろう学校行事の中で、予め意識的に伸ばしたい非認知能力や、それを示す行動指標をセットできる仕組みをつくっておけば、これまで以上の教育効果が期待できるのではないでしょうか。

心揺さぶる仕掛け「ギミック」

さて、もう一つ「ギミック」と呼んでいる仕掛けについても説明をしておきましょう。前書でもご提案した通り、認知能力であっても非認知能力であっても、教師や大人が直接教えるのではなく、子どもが気づき、学ぶことのできるような仕掛けを教育活動の中へ意図的に仕込んでおくことが大切です。そうすれば、一方向的に「教える（主体）―教えられる（客体）」という関係ではなく、双方向的な「教える（主体）―学ぶ（主体）」という関係ができるでしょう。特に、上述した通り非認知能力は教えられて身に付けるものではなく、環境の中で自ら伸ばしていくものでした。この考え方に基づいたとき、前書で紹介した幼児教育における「環境構成」は、まさに本書でいうところの仕掛けとなり得るでしょ

探究型授業でも認知と非認知の一体化

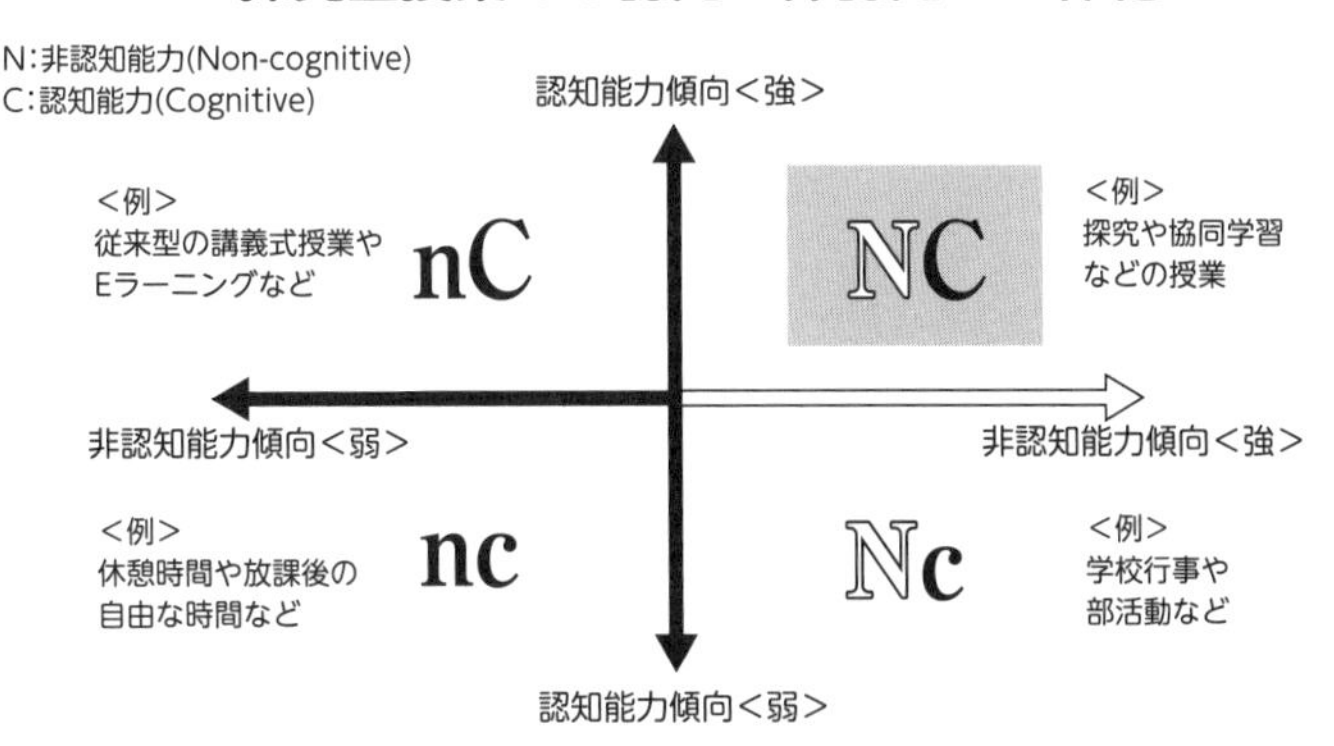

N側の教育活動は、どんなNを伸ばしたいのか
明らかにして授業やカリキュラム全体のデザインを！

う。このギミックについて説明する前に、上の図をご覧ください。

この図は、敢えて認知能力と非認知能力の二軸をつくったときに、子どもたちの学校生活をどのように分類できるかを示したものです。例えば、先ほどの勝間田小学校の事例で紹介した運動会などの学校行事は、より非認知能力の方が意識されやすいため右下の「Ｎｃ」となるでしょう。また、総合的な探究や総合的な学習などは他者との協働などの非認知能力も求められますが、同時に認知能力も求められるため「ＮＣ」となります。従来のわかりやすい授業やＥラーニングなどは、認知能力の獲得が中心となるため

「ｎＣ」、休憩時間や放課後に到っては認知能力も非認知能力も教師側が意図しているわけではないので「ｎｃ」となるでしょう。決して、この中のどれかだけが重要という話ではなく、どれもが子どもたちの学校生活には含まれているはずです。敢えて、73ページの図のように分けることをしなければ、認知能力と非認知能力は一緒になって教育活動の中に共存しています。

しかし、重要な点は、どうしても見えやすい認知能力（Ｃ）にばかりこれまで目を向けてしまっていて、見えにくい非認知能力（Ｎ）の方は、それぞれの子どもたちが無為自然に伸ばしてきたということです。無為自然ならまだしも、ときとして行き過ぎた認知能力の育成によって妨げられてしまう場合もあったのではないでしょうか。だからこそ、いま、この見えにくくて多様な非認知能力（Ｎ）の中でも何を伸ばしたいのか、どうすれば伸びたかどうかがわかるのか、を明らかにして非認知能力を埋没させることのないようにしていきたいものです。そうすれば、（右上のＮＣだけの話ではなく）学校生活や教育活動の全体として認知能力と非認知能力を一体的に育んでいくことができるでしょう。その上で、どの教育活動に、どんな非認知能力を伸ばしたくて、どんなギミックを仕込んでいくか考えていくことをお勧めします。

実際のところ、幼児教育の現場もさることながら、学校教育の現場でも特に授業を中心として非認知能力を伸ばしていこうという試みがされています。少なくとも、私が一緒に取り組んでいる学校では、小中高を問わず様々な取り組みがなされているところです。しかしながら、現場の先生方の問題意識としては、「本当にそれがギミックになっているのか」という点です。前書でも説明はしたのですが、本書ではこの点についてさらに詳細に説明していきましょう。

まず、「一人1台端末」でもよく知られるタブレットなどのICT端末は、ギミックとしての可能性を大いに持っていることは言うまでもありません。動画や写真のファイルも、いろんなアプリケーションも、時代の大きな変化を感じます。しかし、このICT端末を「教育委員会にもっと使うように言われたから……」という理由で使うのと、「授業の導入時に、この子たちの興味・関心・意欲を引き出したいから、この動画を視聴できるようにしよう！」という意図で使うのとでは、同じICT端末で同じ動画を使っても、その中身は変わってくるわけです。それは、単に話し合いをさせているだけのアクティブ・ラーニングでも同様のことがありました。つまり、何らかの非認知能力の育成にまで教師がねらいや意図を持っていて、そのためのギミックになっているかどうかということになります。

めざしたいギミックは心揺さぶる仕掛け

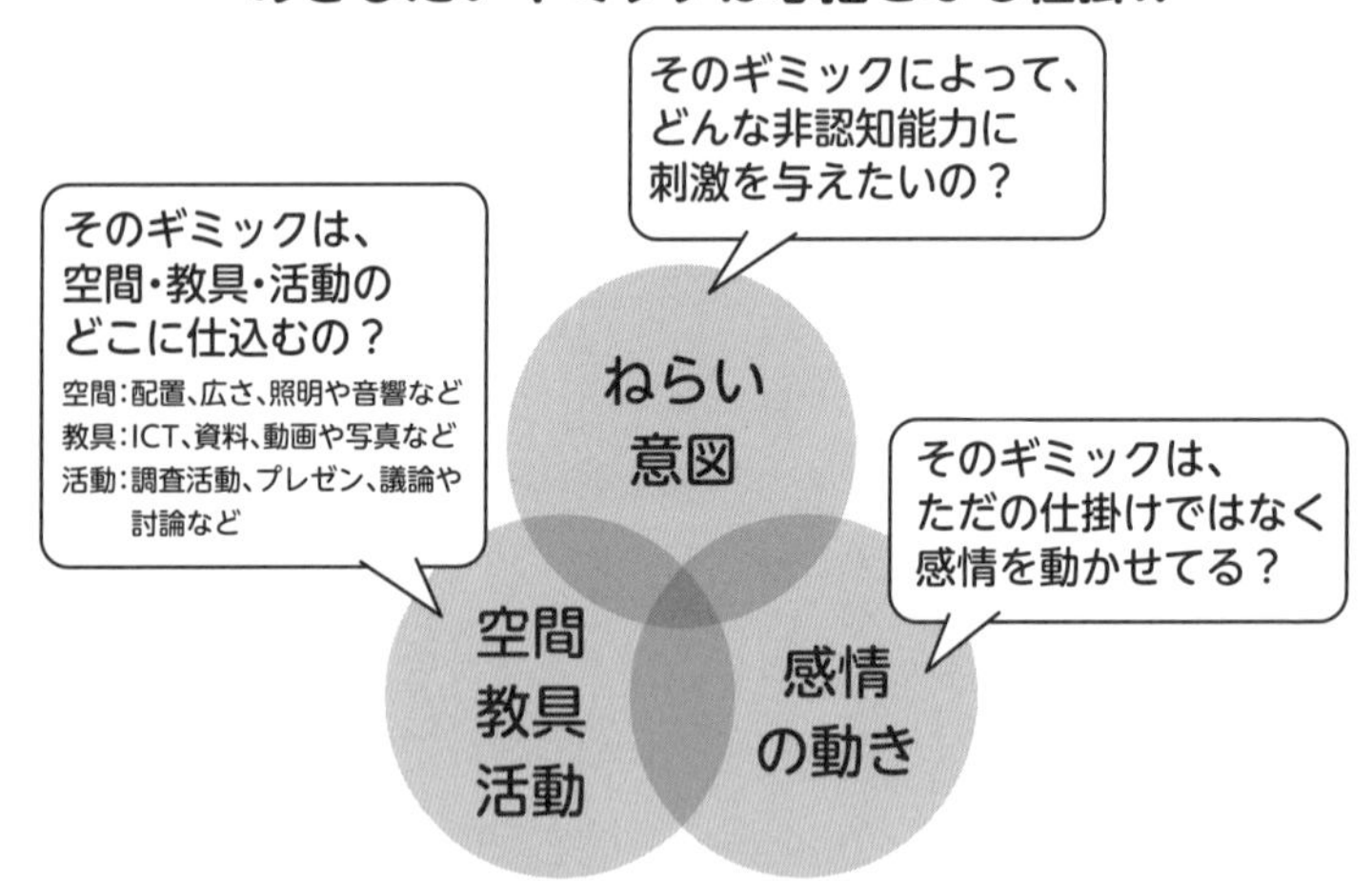

ギミックブラッシュアップシートで明確に！

ギミックブラッシュアップシート		授業者名	
教　科		学年など	
単　元			
本時の目標	知識 技能		
	思考力 判断力 表現力		

	① 序　盤 （　分頃～　分頃）	② 中　盤 （　分頃～　分頃）	③ 終　盤 （　分頃～　分頃）
学びに向かう力等			
ギミック			
	□空間・□教具・□活動	□空間・□教具・□活動	□空間・□教具・□活動
予想できる姿			
感情イメージ	開始		終了

- 単元名と本時の内容及びめあて
- 各ギミックの時間と引き出したい非認知能力
- ギミックについて具体的に説明
- 空間・教具・活動のどこにギミックを仕込むか選択（複数可）
- ギミックによって引き出すことが期待できる姿
- 授業時間中の子どもたちの感情の動きを曲線化

広島桜が丘高等学校（高３・日本史）

広島桜が丘高等学校 ギミックブラッシュアップシート	氏名	沖村　将彦	
教科・学年など	日本史Ｂ（３年５組　情報ビジネスコース）		
単元	第８章　幕藩体制の動揺　まとめ		
本時の内容・めあて	江戸時代中期の三大改革について特徴やねらいを理解することができる ／自分がタイムトラベラーとして四回目の改革をするならどうするか考える		
	序盤：ギミック① (5分頃～15分頃)	中盤：ギミック② (15分頃～35分頃)	終盤：ギミック③ (35分頃～50分頃)
6マインド	☐自信・☑向上・☐探究 ☑受容・☑疎通・☐協調	☐自信・☐向上・☐探究 ☐受容・☐疎通・☑協調	☐自信・☐向上・☑探究 ☐受容・☑疎通・☐協調
仕込みたいギミック	三大改革について、良かった点と悪かった点をそれぞれ発表する グループで出た意見を全体でまとめる	BTTFのBGMを流し、タイムスリップの雰囲気を出す 自分たちタイムトラベラーが四回目の改革を任されたとして、どのような内容の改革を行うか、チームで話し合い、意見をまとめる	教科担任を「将軍」に見立て、模造紙を使って四つ目の改革をプレゼンする
	☐空間・☐教具・☑活動	☑空間・☐教具・☑活動	☐空間・☑教具・☑活動
期待できる姿	良い点と悪い点の双方から考察することで、より解像度の高い改革内容を考察する姿 それぞれが自分の意見をまとめて発表する姿	「歴史を変える」という非日常的な雰囲気を素直に楽しむ姿 タイムトラベラーとして、より良い国を作り直すために皆で協働し試行錯誤する姿	自分たちの考えや意見を正確に伝えようとする姿 皆で協力して問題を解決しようとする力
感情イメージ	開始		終了

ちなみに、ギミックはＩＣＴ端末のような教具、座席の配置のような空間、ディスカッションのような活動といった大きく3つに分けることができるでしょう。伸ばしたい非認知能力を明確にした上で、それを実現するために教具・空間・活動のどこへ仕掛けていくのかを考えることがギミックには必要不可欠となります。

ところで、私が単なる仕掛けではなくギミックと呼んでいるのは、ギミックを「心揺さぶる仕掛け」として位置づけているからです。実際に、ギミックには「あっ」と驚く仕掛けといった意味があるように、子どもへ心の揺らぎ（感情の動き）をつくり出すことで、子どもの非認知能力に単なる仕掛けではない影響を期待しています。そのため、子どもたちがどんな感情の動きをするのかについて前もって想定しておくとともに、子どもたちの感情の動きをつくり出せるようにできれば、より一層効果的なのではないでしょうか。以上を踏まえたとき、ギミックを構成する3要素を76ページの上図のように示しておきます。さらに、学校現場の多くの先生方は、授業などの教育活動の場面でギミックを仕込んでいるのではないかと想定して、そんな先生方の一助になればと授業前にギミックを意識できるためのブラッシュアップシートを76〜77ページに紹介しました。先ほど説明した内容を盛り込んでいますので、76ページ下の解説をご参照の上、ぜひ活用してください。

このように、今回は教育実践ステップのレンズとギミック、その先にあるアセスメントにフォーカスして紹介しましたが、今回も麻衣さんにコメントをいただければと思います。麻衣さん、お願いします！

2

意識の変化が行動の変化につながる

田中麻衣

またも素晴らしい実践例を聞けてとても勉強になりました。寄島小学校の例では、共有済みの行動指標を普段の授業で個人レベルの目標に落とし込むという実践方法が紹介されました。行動指標を見ていると改めて具体性の大切さを感じます。

日本の文化的な背景もあってか、大人でも「私は自己肯定感が高いです！」と主張することに抵抗を感じる人は多いのではないでしょうか。「日本人は自己肯定感が低い」と聞くことも多いですし、「私なんて」と謙虚な方が好ましい気がしてしまいます。漠然と自己肯定感の高い人＝自信のある人と思っていた子にすれば、行動指標によって一気に具体的になったことで自己肯定感と向き合いやすくなったと思います。

あるいは、今まで自分は自己肯定感が低いと思っていた子が、「あれ？　私は人の違った意見もちゃんと聞けるし、困ったときは助けを求めることができる」と自分の培ってきた自己肯定感に気づくことがあるかもしれません。「自分は自己肯定感が高い」という意識変化によって行動も変わってくるでしょう。

私が初めてスウェーデンに留学生として訪れたときも、そんな経験をしたことがあります。ずっと数学が苦手だった私がスウェーデンの高校で数学の授業を受けた時、日本で既に履修していたところだったため、簡単に解くことができました。日本人は数学が得意というステレオタイプも相まって周りからは数学のできる人と思われ、いつの間にか数学が得意な人という新しいアイデンティティが自分のなかに生まれていました。すると、解けない問題があった時、もう少し粘ればわかるかもしれないと時間をかけてでも解くようになったのです。意識の変化が行動の変化につながることを実感した出来事でした。寄島小学校のように、普段の授業で行動指標を「繰り返し使う」ことで子どもたちは意識づけがどんどん自然にできるようになりますよね。これも「絵に描いた餅」にしないためにとても大切なことだと思います。

ギミックでは環境構成、教具、活動の３つの要素が出てきました。スウェーデンで子どもたちの参画と影響力（Barns delaktighet och inflytande）への働きかけ、として取り組まれていることに近いものを感じます。子どもたちが主体的に参加できる仕掛けや自分に関わる決定に対して影響を与える機会をつくることです。主体的に取り組むためには今から何をするのか、どれくらいの時間するのか、誰がするのか、など明確であるべきことがあります。必要なものが自分で取れる場所にあることやツールになるものが一目で見えるように置いてあることも大事ですよね。個人で取り組むのか、グループで取り組むのか、発表するのか、レポートなのか、フィールドワークをするのか、どんなやり方で取り組むのかの決定を多数決でする、もしくは選択肢を設けることで子どもたちが影響力をもつことができます。自分で決めたやり方なのと、人に決められたやり方なのでは心持ちが違いますよね。必ずしも自分の思った通りにできるわけではなく決定のプロセスに関わることができたか、自分の意見を言う機会があったかを大切にします。

私は月に一度テーマを決めてオブザーバーとして各クラスを見学に行きます。ここではサークルタイムを見学した時の例を紹介したいと思います。サークルタイムではみんなで円になって座って日付や季節、出欠を確認した後、歌を歌ったり、言葉あそびをしたり、活動を撮った写真を見ながらふりかえりをしたりします。オブザベーションでは、私は始めから終わりまでを客観的に何が起きたのかや、疑問を書き留め、それを元に次の日先生たちとふりかえりをします。先生にはふりかえりでどんな質問をするか事前に共有してあります。質問の一例を次に紹介します。

- 前のアクティビティからサークルタイムへの切り替えに際してどう子どもたちを準備し、声がけしましたか？ ──▶開始するまでに時間がかかると最初から座って待っていた子にとっては長い待ち時間で、横に座っているお友達にちょっかいだしたくなったり、サークルタイムの途中で集中力が切れてしまったりと影響がでてしまいますよね。
- サークルタイムはどのように構成されていましたか？ ──▶グループの大きさやアクティビティの難易度、アクティビティの説明のわかりやすさ、所要時間、などです。
- どんなことが起きましたか？ ──▶みんな学びの機会を得られていた？ やることが伝わっていた？ ハプニングはあった？
- 何が上手くいきましたか？
- 次に生かしたいことや挑戦したいことは何ですか？

　3歳から満6歳までいるクラスのふりかえりで、「3歳の子どもたちの発言が少なくてあまりついてこられていなかったかもしれない。小さなグループに分けて行った方が良かったかも」とひとりの先生が言いました。実は私も見学しながら大丈夫かな？　と3歳児の子どもたちを見ていたのですが、年上の子たちの発言を身を乗り出して聞いていたり、新しく紹介された言葉を呟いてみたり、といった姿が見られました。先生の体感とは裏腹に、確実に興味や学びがあったんです。先生たちとは、子どもたちにもそれぞれの参加の仕方があって、発言しているから参加していると一概には言えないよね、という気づきにたどり着くことができました。

　どんなギミックが見られたか、それがどのように子どもたちの学びに貢献していたかに注目して、先生同士でオブザーバーをする、または動画を撮って見返すというのも良いのではと思います。

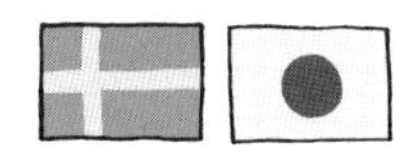

第Ⅴ章

ある公立中学校教員の挑戦

1

5つの教育実践ステップを取り入れた授業づくり

中山芳一

さて、ここまで前書までは記すことのできなかった、教育現場の先生方と共に課題解決する中でアップデートされてきたご提案を紹介してきました。特に、5つの教育実践ステップは、幼児教育から高等学校まで多くの各教育現場で取り組みが広がっています。その中でも、本章では本書の共同執筆者でもある徳留宏紀さんの実践にフォーカスしていきましょう。

宏紀さんは大阪府の南部、泉佐野市立新池中学校にて理科の教員として8年間、校内の学力向上の担当や、学校改革推進リーダーとして活躍されてきました。そして、ある日、書店で拙著『学力テストで測れない非認知能力が子どもを伸ばす』と偶然に出会い、嬉しいことに、書籍に私が綴った内容とご自身の実践との親和性に衝撃と感銘を受けてくださったというのです。そして、私にすぐ連絡をくださいました。直接に私と対話を続ける中で、本書の第Ⅲ章で紹介した5つの教育実践ステップをご自身の授業づくりの中に積極的に取り入れるという挑戦をされてきた方です。

そんな宏紀さんが、どのような実践をされてきたのかをここで紹介していただきます。それでは宏紀さん、お願いします！

2 教科での学びを通じて子どもたちの非認知能力を向上させたい

徳留宏紀

教員5年目で迎えた大きな転機

はい！　中山先生から、しっかりとバトンを受け取りました。この章では、私が公立の中学校現場で行ってきた実践を基にお話ししていきたいと思います。日々学校現場で、子どもたちのために汗を流されている先生方にとって、少しでもヒントになれば嬉しいです。

さて、いきなりこの書籍のテーマである「非認知能力」に関する私の実践をお話ししてもよいのですが、まずは、なぜ私が授業において「非認知能力」により重きを置くようになったのかについて触れたいと思います。

私は祖父と母が中学校教員をしていた経緯があり、幼い頃から教員の仕事に憧れをもって育ちました。小中学生時代も人に教えることが好きで、教えた相手が理解してくれる姿に喜びを抱いていました。一時期はドラマの影響からパイロットをめざしたこともありましたが、大学進学後も教育関係のアルバイトを選択し、4年間教えるスキルを磨いてきたと思います。このアルバイトは特殊で、今でこそ珍しくはないかもしれませんが、今から10年以上も前に、インターネットを使ったオンライン授業をライブ配信で行っていたのです。表情が見えない多数の相手に対して授業をするため、いかにわかりやすく伝えられるか、切れ目なくおもしろい話をする喋くりや話芸で授業に引き込んでいけるかが問われるものでした。こうした経験は、以降の学校の授業でも生かすことができ、授業に対して、「自分ならいい授業ができる！」と根拠のない自信をもって臨んでいたことをよく覚えています。

こうして教員になり、4年間は授業時間50分のうち40分は喋くり、ラスト10分は静かに板書というスタイルを確立していったのです。その結果、学力に関しても大阪府全域で行われる「チャレンジテスト」において、平均点より15点以上も上回ったことがありました。当時をふりかえると、「授業とは、教師が子どもたちに教え、子どもたちはそれをしっかりと聞き、復習して定着させるものだ」と捉えていたのかもしれません。

　教員5年目を迎えたとき大きな転機が訪れました。大阪府東部にある大東市のとある中学校の公開授業に訪れたときのことです。授業開始と同時に授業者が、

「今日はたくさんの方が見に来られていますが、いつもと同じように、この一回の授業を大切に行ってください。学びは『わがこと』です。今日の授業でもみなさんの学びに期待しています」

と一言。今でも体中に衝撃が走ったことを覚えています。実際授業が始まると、協同学習をベースとした学びで、子どもたち自らが学びに向かい、他者と協力して学び合っている姿を目の当たりにしたのです。授業者は、50分間を通じて最初のほんの1分だけの語り、そして授業時間を通して、見取った子どもたちの姿を価値づけしてフィードバックするのみでした。私は、この公開授業を訪れて、授業とは一体何なのかについて、初めて向き合わざるを得なくなったのです。

　時を同じくして、私は学校改革推進リーダーとして、学力向上に関わるポジションを任せていただいていました。このポジションのおかげで、協同学習、学びの共同体、『学び合い』など、様々な実践をされている先生方の授業の見学をする機会をいただきました。当

時は時間さえあれば、どこへでも足を運ぶ、そんな日々を過ごしていました。

そのうち、次から次へと学びに行きたいところが出てきて、大阪を飛び出して、岡山、広島、東京、秋田、ついにはフィンランドまで行ってしまいました。余談ですが、出張費や宿泊代はすべて自腹でしたので、そのことを理解して快く応援してくれた家族には本当に感謝の想いでいっぱいです。

非認知能力と認知能力を向上させる授業づくり

様々な人とのご縁からたくさんのことを学び、自分はいったい何のために授業をしているのか、何をめざして授業をしているのかという問いに行き着きました。自問自答を繰り返し、この問いの結論は、最上位の目標に「子どもたちに将来幸せに生きていってもらいたい」が位置づきました。そして、そのために「自立した人になろう」「他者との関係性を学ぼう」という大きな授業目標を立てるようにもなりました。それこそが、まさにこの後で出会った「非認知能力」という言葉に通じるものだったのです。学習指導要領に示されている教科での学びはもちろん大切です。その教科での学びを通じて、子どもたちの非認知能力を向上させることができれば、最上位の目標に近づけるのではないかと考えました。

「子どもたちにとって将来大切な力は何なのか？」きっとテストで100点を取るという結果ではなくて、その100点をいかに取ったかというプロセスが大切だと思うようになりました。もちろん、全員が100点を取ることをめざしますが、現実ではなかなかそうはいきません。しかし、同じ40点だったとしても、「一人でただただ丸暗記して取った40点」と「友達と協力しながら、わからないところも理解しようとして取った40点」ならば、どちらの方が将来の力になるのか……答えは明白ではないでしょうか。だからこそ、このような学びが実現できるような環境づくりに力を入れていくようになり始めました。子どもたちの非認知能力の向上のために、自立・協働的な理科の教科学習を行い、その中で育んでいきたい非認知能力と行動指標を明確に示し、学習時の意識づけ、学習後のリフレクション（ふりかえり）を継続的に行うことで、子どもたちの非認知能力の向上、そして認知能力の向上を図っていくようになったのです。

授業づくりで大切にしていたのが、①インクルーシブの視点、②学びの環境づくり、③目的の明確化です。この3つの視点は、それぞれが深く関わり合っていて、どの視点も切っても切り離せないものであります。ここでは、特にインクルーシブの視点について少しだけ触れたいと思います。みなさんは、インクルーシブと聞くとどのようなことをイメージされますか？　特別支援関係のことや、同じ教室でみんなが学ぶことなどをイメージされるのではないでしょうか。私の授業では、「すべての子どもたちが質の高い授業を受ける権利を保障するために、環境と仕組みを整えていくプロセスである」と捉えていました。それはつまり、学力の低い子も高い子も、障がいのある子もない子も、人間関係のトラブルを抱えている子も、家庭環境が複雑でつらい子も、そういった一人ひとりの違った背景や現状を含んだうえで、すべての子どもたちという風に考えていました。言うならば、「すべての子どもに支援を」＝「なんの支援も必要としない子どもは存在しない」ということをベースとして、授業のシステムを構築していきました。それを実現するために、学びの環境をいかに創っていくのか、その際の目的は何を達成するためなのかを明確にしながら、子どもたちにも常々伝えていきました。その子どもたちとともに、創っていった授業の方法として、「自立・協働型学習」があります。

「自立・協働型学習」とは、私が授業を重ねる中で独自に考え出していったもので、子どもたちが自分のペースで、自分の理解度に合わせて、個人で学び方を選択し学習を進めていく自立型学習と、他者と協働しながら学びを深めていく協働型学習を組み合わせた学習方法です。ひとことで自立型学習と言っても、完全に個人でのみ学習を進めていくわけで

授業づくりで大切にしてきたこと

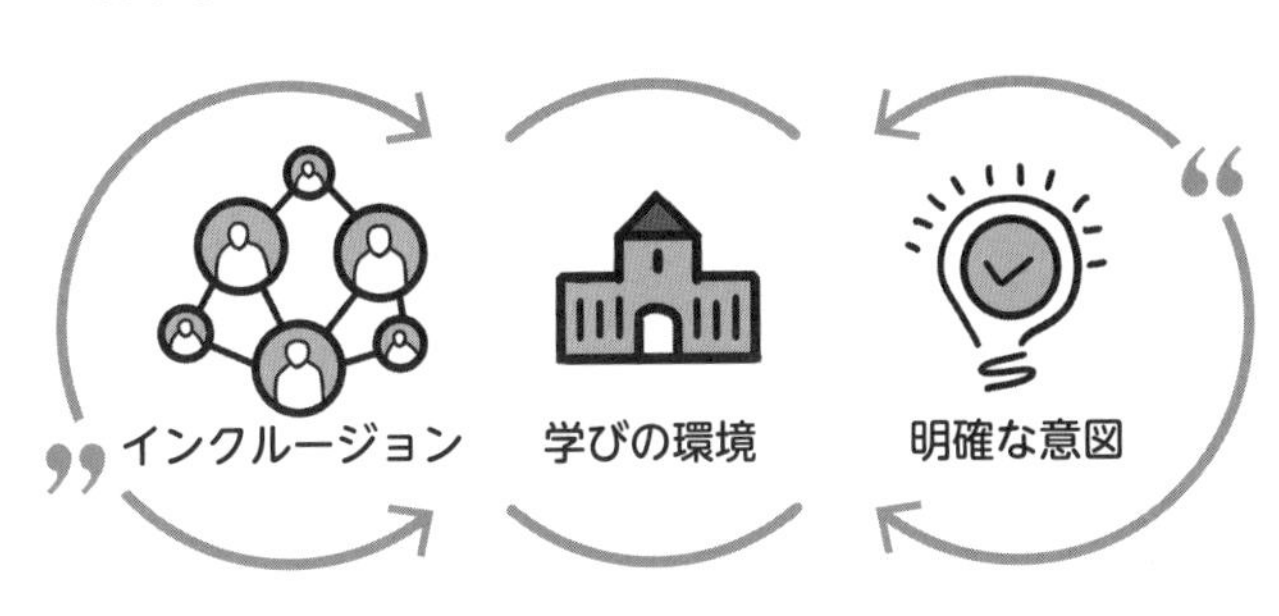

どの場面でも関わってくる

はありません。わからないところをそのままにしておくのではなく、他者に質問して、教えてもらいながら解決していく場面もあります。

また、事前に授業進度を示した単元計画を伝えているので、今の自分の理解度に照らし合わせながら、どの問題から解いていくのかを選択し、今の自分に必要な内容から学びをスタートしていきます。このように、自分の理解度と自分のペースで学びを進めていく中で、「学び方を学ぶ」ということを大切にしてきました。

日々の学習を通して、自分自身が最も学ぶことができる方法を知り、それを行動に移すことができれば、他教科への学びにもつながり、ひいては、自分自身を知るメタ認知力の向上にもつながっていくと考えていました。だからこそ、自立・協働型学習という形で授業を進めるようにしていったのです。次に、自立型学習と協働型学習のそれぞれについて詳しく見ていきたいと思います。

個人で学び方を選択して学習を進める自立型学習

まずは自立型学習です。私は授業について考えていく中で、一つの疑問が浮かび上がってきました。それは、今学校で行われている授業は、「1回限りの超限定的でスペシャルな授業」になっているのではないか、ということです。どういうことかと言いますと、授業での解説は子どもたちが理解できる・できないにかかわらず一度きりであり、欠席するとその日の授業内容について再度説明する時間は設けられておらず、途中で理解が追い付かなくなってもそのまま授業が進んでいってしまうという問題点が少なからずあると考えていました。ましてや、「この解説は誰にとってのどのレベルに合わせた解説であり、この教室にいる誰のペースにピッタリと合っているのか」を考えたとき、誰に向けたものでもない、そして誰一人として心の底から満足のいくものになっていないものであるという事実に突き当たったのです。この大きな問題点を解決するために、あらかじめ授業を撮影して授業動画を作成し、子どもたちが自分のペースで理解ができるまで、何度でも学習するようにすればこの問題は解決できるのではないかと考えました。

つまり、授業内で私が登壇をするのではなく、時間や場所を気にせず授業を受けられるようにしたということです。私は早速準備に取りかかり、一人1台のタブレット端末を使って、授業内や家庭で動画を視聴して学びを進められるような体制を整えました。その結果、授業中は、基本的に私は登壇して授業をする必要がなくなったので、個別の質問に答えたり、困っている子と理解できている子を繋げる役目を果たしたり、非認知能力のレンズをもって子どもたちを見取ったりすることに集中できるようになったのです。

このように、タブレット端末が導入されたおかげで、子どもたちの学びの選択肢が増えたことは本当にありがたかったです。タブレットが学校へ導入されたからといって単にタブレットを使うというのが目的なのではなく、子どもたちが自らの学びをよりよいものにするために、必要な場面で使っていく……。まさにツールとして、文房具のような使い方を進めていくことができるようになっていきました。

さらに、学習支援ソフトの使用が可能になったことで、自ら学習内容を選択でき、端末上で学びを進められるようになりました。また、紙媒体とタブレット端末のどちらか学びやすい方を選べるという多様な学び方に対応できるように学習支援ソフトを取り入れたことによって、小学校における既習内容の復習や反復的な問題演習も行うことができ、学習内容の定着に大きくつながりました。まさに、個別に最適な学びを実現することができたと思います。

また、一人ひとりの理解度や学びのペースに合わせるために、学習の単元が始まった段階で、どのように授業を進めていくのかのスケジュールの共有と、演習プリントを配布していました。この演習プリントは、各単元の章ごとに【S・A・B】の3つのレベルを用意し、各章が始まった段階で配布していました。大体1つの章につき6枚分くらいになっていました。そのプリントの中から自分のレベルに合ったプリントを選択して学ぶよう促し、さらには現在の自分の理解度レベルよりも少し上回るレベルに挑戦してもらうようにしていました。自分で選択することで、自己決定の場をつくることができ、少しでも「やらされ」ではない学びを実現することも同時に狙っていました。

【S・A・B】のレベルは、【S】は入試問題。【A】はワークに出てくる問題、【B】は一問一答を目安に作成していました。また、子どもたちが学習を進めていくにあたり、演習プリントの提出は要求しませんでした。提出を目標にすると、本当の意味での自分に合った学びを実現することが難しくなるからです。

例えばBレベルの子がいるとします。この子がめざすところはまずはAレベルであり、Sレベルではありません。しかし、提出を求められていると、すべてを提出物として完成することが目的となり、理解を伴わないままにSレベルは答えを写す行為だけに終始してしまいます。これと同様に、Sレベルの子にBレベルを求めるのも、内容の定着という観点ではよいかもしれませんが、提出のためだけに行うということであれば、その時間をよりレベルの高い問題に費やす方が効果的でしょう。自分の理解度に合わせて、自分のペースで学ぶという学習の基本姿勢に反してダブルバインド（二重拘束）を引き起こさないように気を配りました。理解度に合わせて各自のペースで学習を進め、自らの学習を自分で調整して取り組んでいくことができるように工夫したのです。これもすべての子どもたちに、最適で質の高い学習を受け、権利を保障するという考えからきています。

他者と協働しながら学びを深める協働型学習

協働型学習では、自分が最も学びやすい環境を自分で選択できることを目的とし、一人で学ぶことや、ペアで学ぶこと、グループ（3人以上の小集団）で学ぶことを可能にしました。このような環境下だからこそ、子どもたちが自分の学びに対して、自己決定して臨むことでより一層、主体的に学ぶ姿を見ることができました。ある子は「俺は、こういう風な学び方を待ってたんや！　この学び方やったら、俺でも頑張れるねん。ありがとうな」と喜ぶ笑顔まで見せてくれたのです。

また、理科室には畳を敷いたスペースやお一人様シートを設けることで、より一層多様な学び方ができるように工夫しました。子どもたちには自由に学ぶことはできるが、「自分は他者にとって学ぶ環境の一部であること」を伝え、自分の学び方が他者にとって迷惑にならないような配慮を意識することを常に要求してきました。同時に、自分の学びを他者への貢献として位置づけるために、他者に対する積極的な説明も奨励してきました。理科室は、みんなの学びの環境であり、自分自身はその環境の一部であり、最高の学びの環境を創り出すことのできる創り手であることを共通認識として持てるように努めたのです。学習内容を理解できていない子が、自分がわかっていないことをわかるために助けを求めることの価値と、学習内容を理解できている子が説明を通じて、さらに客観的に自分の理解度を知ることができ、より深い理解へ誘われることへの価値を共有してきたからこそ、他者を大切にし、相互理解を図ることができる集団になっていったのではないかと感じています。これらを通じて、自己に閉じた自主性ではなく、他者や社会に開かれた向社会性も含み込むことによって、真に「学びの主体者＝学習者Agency（OECD）」を体現することも意識することができたと思います。

そして、自分の学びが他者に貢献できる場を作るために、単元の終わりに、生徒自身による授業も行いました。各班で分担して内容を選択し、班員で協力して授業スライドを作成して、それを基に、全体に向けて授業を行うのです。また、授業スライドの作成段階では、4人のグループで一人1台タブレット端末を用いてスライドを共同編集で作成しました。なお、作成の際には、一人ひとりがグループへ貢献できるように、具体的にどのような行動によって貢献するのかを宣言してから行うようにもしました。

畳を置いたスペースで仲間と学ぶ様子。

こうして、自分の学びが他者の学びにもつながっていることを理解した上で、他者にとっての責任・貢献を果たすために、丁寧な解説を心がける

学習者が様々な環境と相互作用し、主体的に学びとる

ように促しました。生徒授業の際には、授業者へのリスペクトを示すために、子どもたち同士が互いの顔を見やすいようにコの字型の座席配置にする環境面の工夫も施したものです。

　学習のスタイルも、教師から教えられる学習から、自分で学び取る学習へと変換を図っていきました。自分で学び取る際に、周りの環境との相互作用を通じて学習を行っていくイメージです。相互作用していく環境も様々で、タブレット端末やホワイトボードなどは教具的環境、畳やお一人様シート、座席配置などは物理的環境、さらには教師やクラスメイトは人的環境であり支援的環境とも言えます。そういった環境をいかに整えていくことができるかが、私が最も注力していた部分と言っても過言ではありません。

　ここまでは、授業の目的やねらい、方法の部分そして、いかにして学びの環境を創ってきたかについてお話ししてきました。ここからは、いかに非認知能力の向上に結び付けていったのか、そしてどのように見取っていったのかについて説明していきましょう。

育みたい非認知能力と行動指標

私は、子どもたちとこうした取り組みを進めていく中で、授業の中で育んでいきたい「非認知能力」そのものについて共通認識が必要であると強く感じるようになってきました。つまり、向上させたい非認知能力や、目標になる姿を、誰が見てもわかる形で表現してく必要があるということです。そこで、「行動指標」の作成に取りかかりました。この指標を作成することで、学習の際のめざす姿を共通言語として持つことを可能にし、個人間での認識のズレをなくしていくことも期待していたのです。決して行動指標の枠に子どもたちをはめ込むのではなく、互いの共通言語としてめざす姿を共有することが目的でした。

この行動指標では、最上位の目標を「将来自分が人生の道を自分の意志で歩み進めることができる」とし、さらに「自立した人になろう」「他者との関係性を学ぼう」という2軸に分けました。その上で、中山先生が提唱する「自分と向き合う力（自分自身の中で自ら感情などをコントロールできる力）」「自分を高める力（自信や意欲などによって自らを啓

非認知能力と行動レベル

レベル1	レベル2	レベル3	レベル4	レベル5
やるべき課題や問題に向き合うことができる	～	やるべき課題や問題に向き合い、他のことに意識を向けてしまうことなく集中して取り組むことができる	～	やるべき課題や問題に向き合い、他のことに意識を向けてしまうことなく集中して取り組み、自分に打ち克つことができるa
難しい問題や、簡単に理解することができない課題に向き合うことができる	～	難しい問題や、簡単に理解することができない課題に出合っても投げ出すことなく取り組むことができる	～	難しい問題や、簡単に理解することができない課題に出合っても投げ出すことなく、解決するために最善を尽くし努力することができる
問題に対する自分の理解度を正しく把握することができる	～	問題に対する自分の理解度を正しく把握し、学習目標達成に向けて取り組むことができる	～	問題に対する自分の理解度を正しく把握し、学習目標達成に向けて、学習計画を順序立てて、計画的に実行することができる
失敗を恐れずに挑戦することができる	～	自分が嫌いなことや苦手なことであっても、失敗を恐れずに取り組むことができる	～	自分が嫌いなことや苦手なことであっても、失敗を恐れずに自分の成長のために繰り返し挑戦することができる
自分ならできると自分の力を信じることができる	～	自分ならできると自分の力を信じ、自分の価値を認識することができる	～	自分ならできると自分の力を信じ、自分の価値を認識し、積極的に集団に貢献することができる
物事、出来事に対して、前向きに捉えることができる	～	物事、出来事に対して、前向きに捉え、楽しむことができる	～	物事、出来事に対して、前向きに捉え、自分の成長に喜びを感じ、没頭して楽しむことができる
他者への配慮を考え、行動することができる	～	他者にとって自分は学びの環境の一部であることを理解し、他者への配慮を考え、行動することができる	～	他者にとって自分は学びの環境の一部であることを理解し、他者への配慮を考え、行動することで良好な関係を築くことができる
他者の状況を受け止め、寄り添うことができる	～	他者の状況を受け止め、寄り添い、他者が困っているときに手を差し伸べることができる	～	他者の状況を受け止め、寄り添い、他者が困っているときに手を差し伸べることや、相手の理解度に合わせて説明し、納得させることができる
他者と意思疎通を図ることができる	～	相互の状況を理解した上で、他者と意思疎通を図ることができる	～	相互の状況を理解した上で、他者と意思疎通を図り、自ら他者に声をかけて巻き込んでいくことや、心を開いて他者に入り込んでいくことができる

授業の中で育んでいきたい

				記入項目	内容
将来自分の人生の道を自分の意志で歩み進めることができる	自立した人になろう	自分と向き合う力	自分をコントロールする力	自制心	やるべき課題や問題に向き合い、他のことに意識を向けてしまうことなく集中して取り組むこと
			粘り強さ	忍耐力	難しい問題や、簡単に理解することができない課題に出合っても投げ出すことなく、解決するために努力すること
			自己理解する力	俯瞰力 ふかん力	問題に対する自分の理解度を正しく把握し、学習計画を順序立てて、実行すること
		自分を高める力	チャレンジする力	向上心	自分が嫌いなことや苦手なことであっても、失敗を恐れずに自分の成長のために挑戦すること
			自尊感情	自尊心	自分ならできると自分の力を信じ、自分の価値を認識し、集団に貢献すること
			ポジティブ力	楽観性	物事、出来事に対して、前向きに捉え、自分の成長に喜びを感じ、楽しむこと
	他者との関係性を学ぼう	他者とつながる力	リスペクト	敬意・尊重	他者にとって自分は学びの環境の一部であることを理解し、他者への配慮を考え、良好な関係を築くこと
			思いやる力	受容・共感	他者の状況を受け止め、寄り添い、他者が困っているときに手を差し伸べることや、相手の理解度に合わせて説明すること
			コミュニケーション力	相互理解	他者と意思疎通を図り、自ら他者に声をかけて巻き込んでいくことや、心を開いて他者に入り込んでいくこと

発して向上できる力）」「他者とつながる力（他者とコミュニケーションをとり協調・協働できる力）」と重ね合わせながら3つに分類しました。その中で、育んでいきたい非認知能力と行動指標を授業での子どもたちの様子や現状をしっかりと踏まえた上で、取り組みと関連付けながら作成したのです。これが絵に描いた餅にならないようにするためのポイントとなる点です。その点を踏まえた上でより具体的に普段から子どもたちに伝えている言葉を用いて、行動指標へ落とし込んでいくことを大切に作成していきました。

①自分と向き合う力：自制心、忍耐力、俯瞰力
②自分を高める力　：向上心、自尊心、楽観性
③他者とつながる力：敬意・尊重、受容・共感、相互理解

行動レベルについては、3軸5段階での評価軸を設定しました。これは、麻衣さんから教えていただいたスウェーデンの評価基準を参考とし、基準に余白を持たせることで、より自分の現状に近いものを選択できるような工夫をしています。

行動指標は、毎時間の授業の最後に記入するふりかえりシートと連動させています。こ

のリフレクションの実施は、学習時における動機づけ・意識づけ・メタ認知力の向上を目的に行っていました。

毎時授業の開始時には、本時を通して意識する非認知能力について、子どもたちに設定してもらい、行動指標に定められている行動レベルから、この授業の中でめざすレベルを事前に選択し、ふりかえりシートに記入してもらいます。その設定した行動レベルを意識しながら学びを進めていきます。意識するための工夫として、ふりかえりファイルの裏表紙に行動指標を張り付けたり、イラスト化した9つの非認知能力を黒板に並べて掲示したりすることで常時閲覧できるようにしました。意識しながら学びを進めていくという方法についても、『北欧の教育最前線――市民社会をつくる子育てと学び』（明石書店）で編著者の本所恵さんが「適切な目標設定は受講理由によって違うから、標準的な目標や推奨する目標はない。評価基準を読み、自分のニーズや状況に応じて目標を決める」「常に最高の成績に挑戦することを推奨するのではなく、あくまで受講生に合わせて学習を進めようとする」と述べているように、スウェーデンにおける教育システムを参考にしています。このように、認知能力の習得についての個別性に加えて、非認知能力の向上についても個別性を持たせることを意識して行いました。

学習中（行為中）と学習後（行為後）の自分の学びのリフレクションによって、行為中のリフレクション、すなわちメタ認知を可能にすることができ、今の自分の学びの状況はどうであるか、この後はどのように学んでいくのが良いかなどを、常々考え、行動に移していくことで、メタ認知力の向上を期待できるのではないかと考えました。

この一連の学習方法を、Mindset–Learning–Reflection のそれぞれの最初のアルファベットを取り、「ＭＬＲ学習法」と名付けました。始めに、学習者である子どもたち自身でどの非認知能力を意識するのかを選択し決めるマインドセット。その後、その非認知能力を意識しながら学びを進めていくラーニング。最後に、その学習のプロセスがどうであったのかを非認知能力の視点でふりかえるリフレクション。このＭＬＲ学習法は、現在では教科・学年問わず全国の小学校から高等学校の現場へと広まりを見せています。

また、単元の終わりには、単元のすべてをリフレクションできるように、総括としてのふりかえりシート（次ページ下の図参照）も実施しました。その際、自分が各非認知能力を何回設定して学習に臨んだのかの回数も明記し、その非認知能力に対しての自分の行動についてのリフレクションや、過去の自分と比較してどのような変化があったか、なぜそのような行動を取ることができたのかについてのリフレクションに加えて、それぞれの評

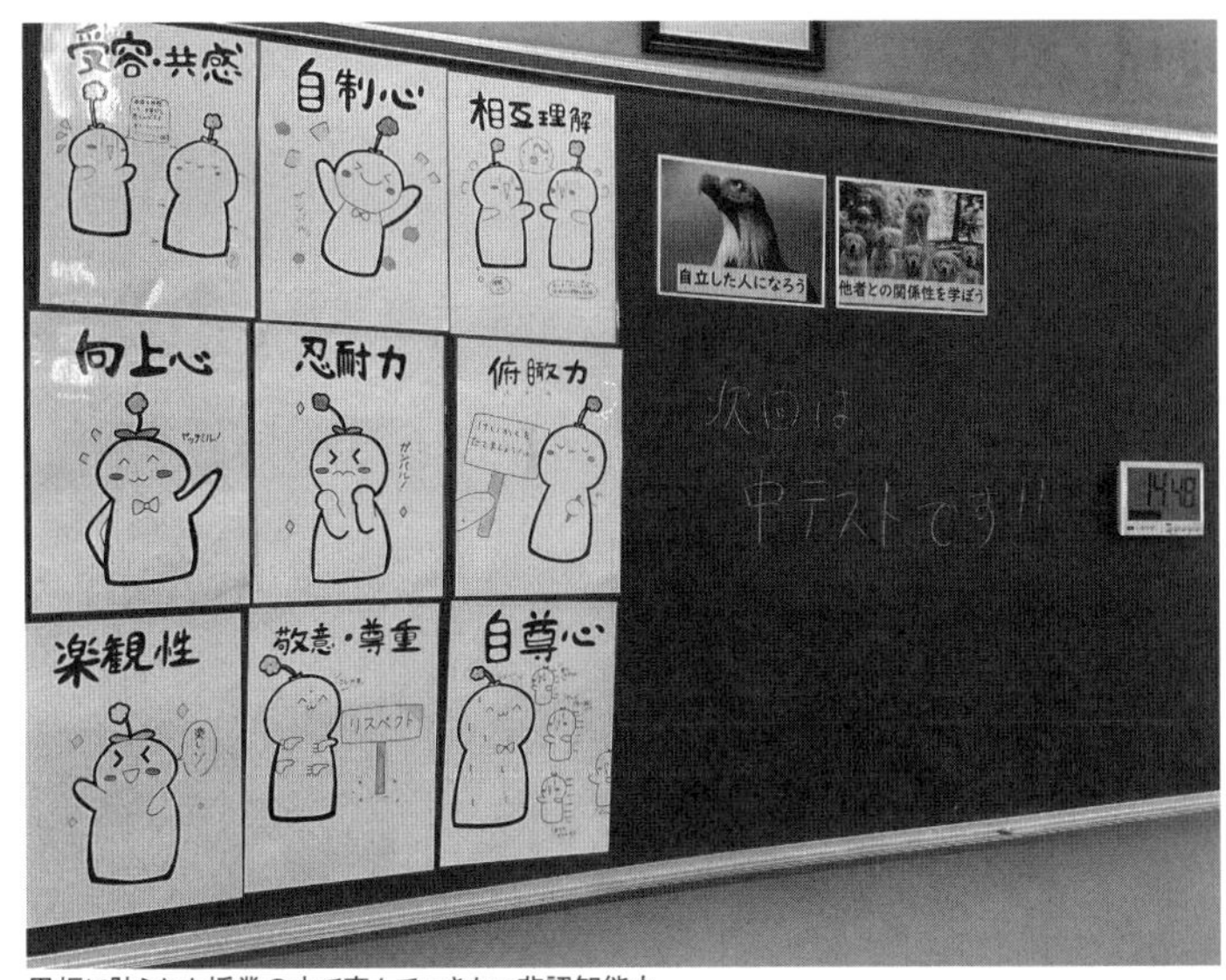

黒板に貼られた授業の中で育んでいきたい非認知能力。

5月 24日 月曜日 限

この授業で自分が意識する非認知能力	めざす行動レベル	学習後どうであったか
敬意・共感	1 2 3 4 (5)	1 2 3 4 (5)

説明の４段階	ふりかえりのレベル	今日の自分の学びのプロセスをふりかえりましょう
1. 問いを解くことができる 2. 問いの解き方を説明できる 3. 問いの解き方を説明でき、相手を納得させられる 4. 相手のわかっていないところを相手がわかっている言葉だけを使って納得させられる	1. ぼんやり 2. 出来事 3. 思い（感想） 4. 理由（原因） 5. 見通し（作戦）	まだ、前で話すのには少し抵抗があったので、聞いている側でも授業にしっかり参加できるようにうなずいたりと反応をできるように意識した。話している子たちもすごく工夫があって、聞いていてとてもおもしろかったし、手をあげる、という行動がすごくかっこいいと思った。すばらしい姿勢ですね 自分的に、しっかりリスペクトして聞けていたと思う。

まだ理解できていない（疑問に思っている）学習内容	学習内容の理解度	1 2 3 4 (5)
みんなわかりやすかったからない! 質問されただけでも、説明できるようになりたい。	ふりかえりのレベル	1 2 3 4 (5)
	次回の自分へのメッセージ	ノートわすれずにくる!

ふりかえりシート。

問3	なぜあなたは問2のように取り組むことができたのですか？ 以前のあなたと比べながらその理由を記述しなさい。

評価の観点	
A	以前と比べて何が、なぜ変わったのかを明確に記述できている。
B	以前と比べてはいないが、何が、なぜ変わったかを明確に記述できている。
C	何が変わったのかは記述できているが、なぜ変わったのかは記述できていない。
D	何が変わったのかも記述できていない。

問4	単元を通して、あなた自身がぶつかった困難な状況や新たに気づいたあなた自身の課題について、具体的に記述しなさい。

評価の観点	
A	困難な状況や課題について、具体的に記述できている。
B	困難な状況や課題について説明しているが、具体的に記述できていない。
C	困難な状況や課題そのものを記述できていない。

問5	問4に対し乗り越え、成長するために、特に意識していく非認知能力を答えなさい。また、どのような行動をするのかを具体的に記述しなさい。
非認知能力	

評価の観点	
A	非認知能力について明確であり、行動についても具体的に記述できている。
B	非認知能力について明確であるが、行動について具体的に記述できていない。
C	非認知能力については明確であるが、行動について記述できていない。
D	非認知能力そのものが明確にできていない。

理科B　単元１ 生命の連続性　ふりかえりシート

３年　　組　　番		名前				
総合評価		問1	問2	問3	問4	問5

問1	日々のふりかえりシートを見返し、各非認知能力を設定した回数を記入しなさい。また、特にどのような場面で意識し、どのような行動をとることができたか具体的に記述しなさい。								
自制心		忍耐力		俯瞰力		向上心		自尊心	
楽観性		敬意・尊重		受容・共感		相互理解			

評価の観点	
A	非認知能力の回数が記入されていて、場面と行動も具体的に記述できている。
B	非認知能力の回数が記入されているが、場面と行動が具体的に記述できていない。
C	非認知能力の回数が記入されているが、場面と行動が記述できていない。
D	非認知能力の回数が記入されていない。

問2	単元を通して、あなた自身が自分の意志や判断によって主体的に取り組むことができたことを具体的に記述しなさい。

評価の観点	
A	自分の意志や判断が明確で、内容も具体的に記述できている。
B	自分の意志や判断は明確だが、内容が具体的に記述できていない。
C	自分の意志や判断は明確でない。

価基準を示すことによって丁寧な言語化ができるような工夫も行いました。客観的な数値で測ることが難しい非認知能力を、何回設定して学習に臨んだかの客観的な数字で見える化したことが、次の自分のふりかえりに大きな効果を与えました。

私は常々、「授業は私のものではなく、生徒であるみなさんのものであり、みなさんと一緒に創り上げていくものです」と伝えてきました。そのため、このやり方（仮説）に基づいて進めていく際も「めざす姿を達成するために、今私が考えるベストな方法がこれであると思っているので、みなさんにこの方法をお伝えしています。しかし、これ以上に良い方法が見つかれば今すぐにでもやり方を変えます。だからこそ、みなさんの生の声が聞きたいですし、ああしてほしい、こうしてほしいがあれば遠慮なく言ってください。一緒に最高の授業を創っていきましょう」と伝えて、２０２１年４月の授業をスタートしたのです。

授業後のアンケートとテストの点数が示すもの

そして、４月から12月まで継続してこの授業方法で進めていき、４月、７月、12月と計３回にわたって非認知能力に関するアンケートを実施しました（個人の変化を把握できるように３年生１６９名の内、全３回ともに答えた１３９名を対象）。このアンケート調査に

非認知能力に関するアンケート項目

項目	質問内容
自制心	やるべき課題や問題に向き合い、集中して取り組むことができる
忍耐力	難しい問題や、簡単に理解することができない課題に出合っても解決するために努力することができる
俯瞰力	問題に対する自分の理解度を正しく把握し、学習を計画し実行することができる
向上心	自分が嫌いなことや苦手なことであっても、失敗を恐れずに自分の成長のために挑戦することができる
自尊心	自分ならできると自分の力を信じ、集団に貢献することができる
楽観性	物事、出来事に対して、前向きにプラスで捉え、楽しむことができる
敬意・尊重	他者にとって自分は学びの環境の一部であることを理解し、他者への配慮を考え、良好な関係を築くことができる
受容・共感	他者の状況を受け止め、寄り添い、他者が困っているときに手を差し伸べることができる
相互理解	他者と意思疎通を図り、自ら他者に声をかけて巻き込んでいくことや、心を開いて他者に入り込んでいくことができる

ついては、私自身が学年全クラスを担当している関係上、実験群と待機群を設けることはせずに、全員を対象に行ってきたことについてはご理解ください。

なお、アンケート項目については上の表の通り、9つの非認知能力に関する質問をそれぞれ行い5件法による回答形式としました。

次ページのアンケート結果が、それぞれの非認知能力に対し、各項目左から4月、7月、12月のそれぞれの回答の人数を表しているものになります。

この結果が示すように、それぞれの非認知能力の項目において、4月から

非認知能力に関するアンケート結果

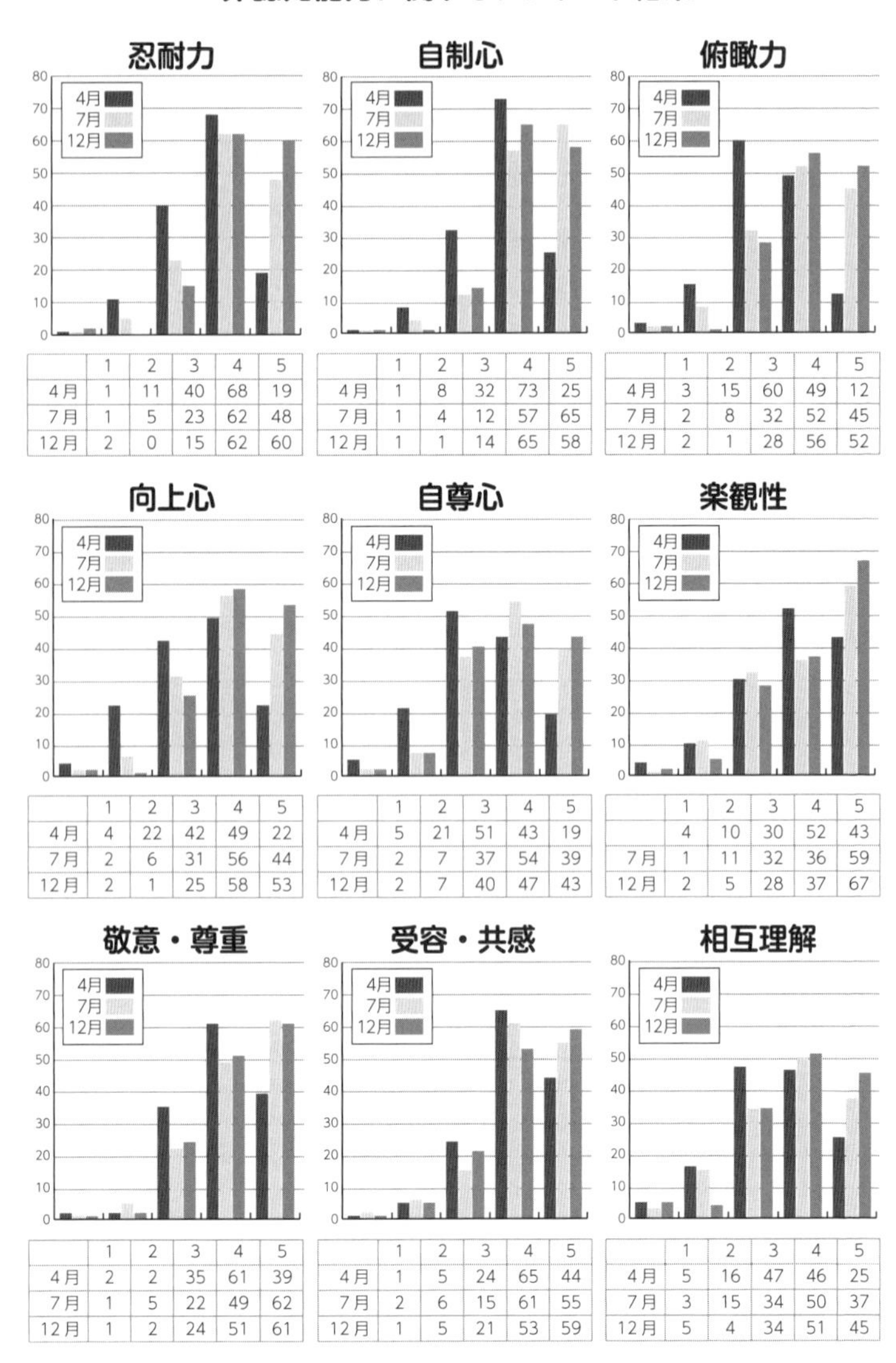

忍耐力

	1	2	3	4	5
4月	1	11	40	68	19
7月	1	5	23	62	48
12月	2	0	15	62	60

自制心

	1	2	3	4	5
4月	1	8	32	73	25
7月	1	4	12	57	65
12月	1	1	14	65	58

俯瞰力

	1	2	3	4	5
4月	3	15	60	49	12
7月	2	8	32	52	45
12月	2	1	28	56	52

向上心

	1	2	3	4	5
4月	4	22	42	49	22
7月	2	6	31	56	44
12月	2	1	25	58	53

自尊心

	1	2	3	4	5
4月	5	21	51	43	19
7月	2	7	37	54	39
12月	2	7	40	47	43

楽観性

	1	2	3	4	5
	4	10	30	52	43
7月	1	11	32	36	59
12月	2	5	28	37	67

敬意・尊重

	1	2	3	4	5
4月	2	2	35	61	39
7月	1	5	22	49	62
12月	1	2	24	51	61

受容・共感

	1	2	3	4	5
4月	1	5	24	65	44
7月	2	6	15	61	55
12月	1	5	21	53	59

相互理解

	1	2	3	4	5
4月	5	16	47	46	25
7月	3	15	34	50	37
12月	5	4	34	51	45

12月を比較するとすべての項目において肯定的意見が増加していることが見られます。これは自らの学習を調整し選択することで、自分の学びに対する責任が生まれ、主体的に学習に取り組めたことが影響してきたと考えています。また、学習時に自ら意識する非認知能力を設定し、行動指標と照らし合わせた行動目標をもって学習に臨むことができたからであるとともに、学習中のリフレクションが現在の学習状況を具体的に把握して修正できたからであるとも推察できます。さらに、学習後のリフレクションにより、一連の学習プロセスを言語化できたことで、次の学習活動へ活かすことができていたと考えられます。自らの意志で目標と行動レベルを設定し、その目標を意識しながら取り組むことで、非認知能力を向上させる可能性について示唆されたと言えるでしょう。

さらに、7月、12月のそれぞれで、「自分と向き合う力」「自分を高める力」「他者とつながる力」における合計数を高いグループと低いグループに分けてその中で、定期テストの平均点を算出したところ、次ページのような結果まで出てきたのです。

非認知能力の向上が見られていた7月時点での定期テストの平均点の差は、高いグループと低いグループで大きな差は見られず、全体の平均ともそれほど大きな差は見られませんでした。一方、12月時点では、高いグループと低いグループで大きな差が見られ、高い

非認知能力と**認知能力**との関係性は？

―7月時点の生物分野テスト結果（平均 71.2 点）の場合―

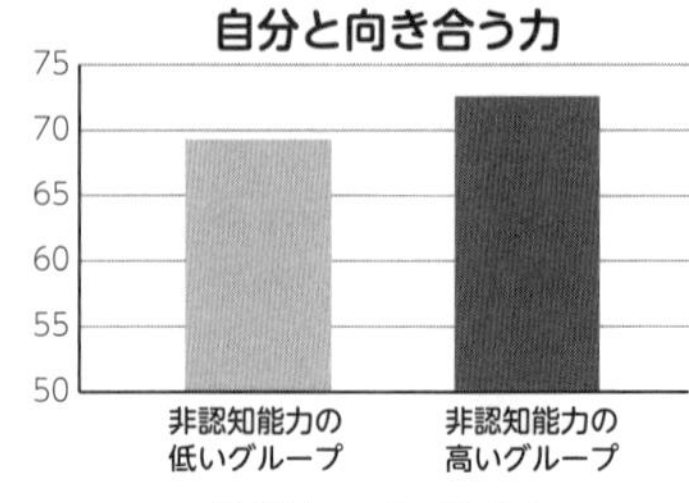

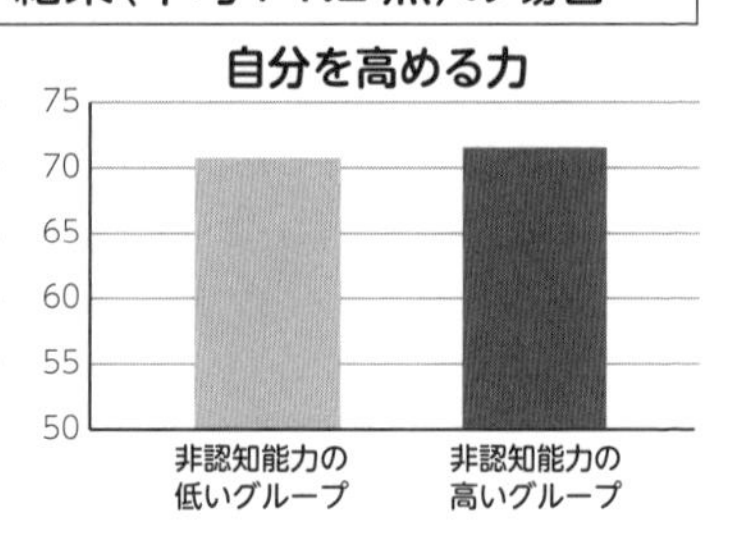

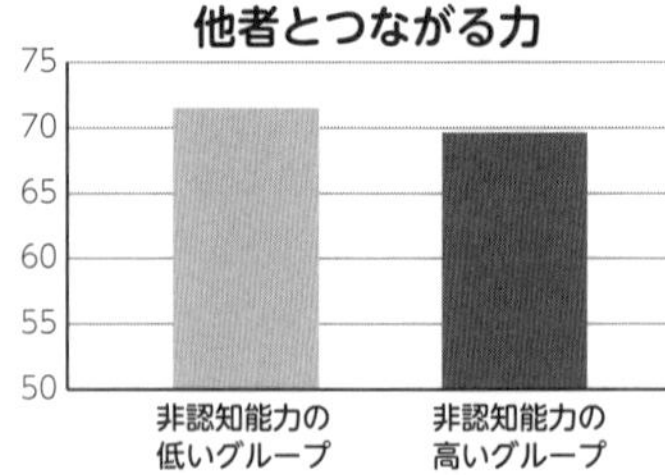

非認知能力の
高いグループと低いグループとの間で
認知能力（テスト結果）に
大きな差は見られなかった

―12 月時点の地学分野テスト結果（平均 63.2 点）の場合―

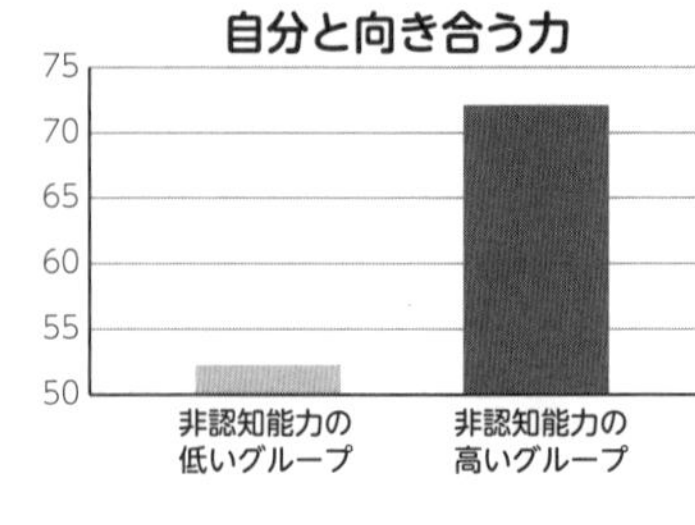

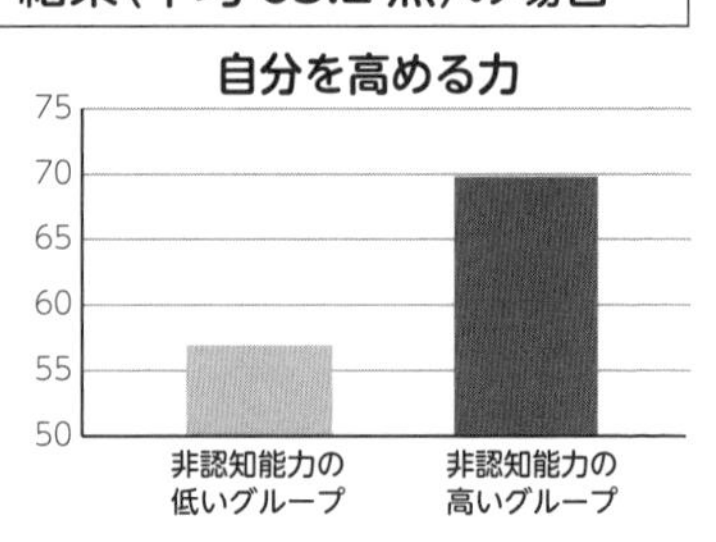

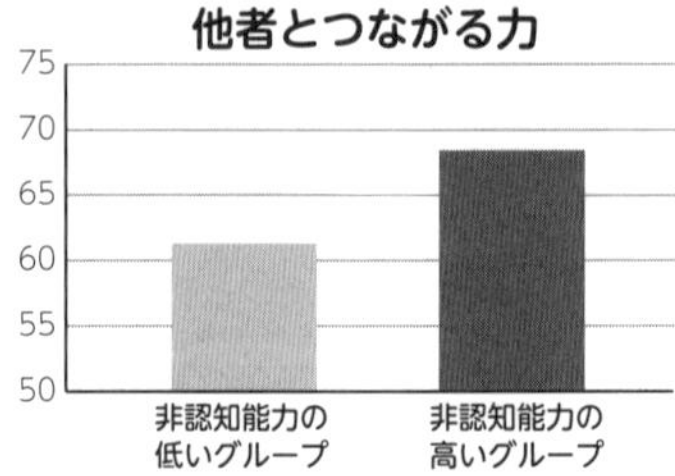

非認知能力の高いグループの方が
認知能力（テスト結果）も
高くなる結果となった!!

グループの方が、低いグループ、そして全体の平均点に対して高くなる傾向が見られました。この結果から、継続して非認知能力を向上する取り組みを進めていった結果、単学期という比較的短い期間に非認知能力の向上を見ることができたのですが、それに比べて認知能力についての差は見られませんでした。しかし、複数学期をまたいで長期的に取り組みを進めていく中で、非認知能力の向上に伴って認知能力の向上が見られたのです。このことから、中学生においても非認知能力の向上が（即効性はないかもしれません）、認知能力の向上にもつながることが示唆できるのではないかと思います。

しかしながら、私はあくまでも学術的研究としてこのような結果を出したかったわけではなく、私のような実践者が子どもたちのための教育実践を進める上での効果を可視化するためのものであったため、検証結果などではなく、示唆というところで留めさせていただきます。

このように、私は子どもたちとともに実践を重ねてきましたが、目の前の子どもたちがどのような人に育ってほしいのか、どのような姿をめざすのか、そのために私たちができることは何か、ということを常時考えていくことが大切であると感じました。非認知能力のレンズをもって子どもたちを見取り、いかに授業などの教育活動の中に意図的なギミックを仕込んでいくか、いかに非認知能力を育む環境を創っていくかが、私たち教員の専門性であり、誇りをもっていかなければならないところではないでしょうか。そのために、まず何よりも、子どもたちにとっては保護者以外で一番身近な大人であろう私たち教師の非認知能力向上や教育実践のアップデートが必要であると確信しています！

3 教育現場の「手ごたえ」の数値化

中山芳一

宏紀さん、ありがとうございます！　彼は、これまで構築されてきた独自の授業方法に加えて、非認知能力を伸ばす教育実践ステップをまるっと取り入れてくださいました。そのおかげで、実践ステップとしての提案に、深い説得力を持たせることができるようになったと思います。

また、非認知能力を伸ばすための実践、特に認知能力との一体的な実践は、これからますます教育現場で求められてくると思われます。しかし、その実践の成果がどうだったのかについて、近年よく言われる「エビデンス」を踏まえてどのように検証できるのかは、大変難しい課題でもあります。それは、非認知能力が数値化・定量化が困難な能力の総称であるために、どうしても主観的で経験値に基づいた「伸びた（育成できた）／伸びなかった（育成できなかった）」に終始してしまいがちになるからです。教育現場で実践されている方々の「手ごたえ」がとても大事であると同時に、その手ごたえをいかに客観的な数値として示すことができるのか。それを実践者自らが提案してくださったのだと思います。

宏紀さんが小学校と高等学校の中間に位置づく中学校で実践されたこともよかったです。中学校現場はさることながら、小学校現場でも高等学校現場でも実践のヒントにしやすいと思います。そのため、今回の宏紀さんの挑戦が、様々な教育現場で広がっていくことを願っています。スウェーデンの麻衣さん、日本での宏紀さんの挑戦はいかがでしたか？

「学び方を学ぶ」ことが自主的な学びを支える

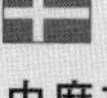

田中麻衣

「学びはわがごとです」という言葉をきっかけに授業とは何かに向き合い、更には何のために授業をするのかの問いに「子どもたちに将来幸せに生きていってもらいたい」という答えを出された徳留先生だからこそ、こうした実践がなされたのだろうなと感じました。非認知能力が大事らしい、国の方針だから、とやらされるのではなく、個人的な「なぜ」をもつことがそれへの取り組みをわがごとにするのではないでしょうか。非認知能力向上への取り組みの最初の一歩はここなのかもしれません。

教員採用の面接の際、なぜこの仕事をしているのですか?と聞くと、個人的な「なぜ」に触れることがあります。自分が子どもの時にしてもらえなくて悲しかったことがあり、他の子どもたちには同じ思いをしてほしくない、と思っている先生。あの時こうしてもらえたことが今でも心に残っていて、自分も子どもたちにとってそんな存在になりたいと思っている先生。そんな話をしている先生たちの目は、一段と深みを増すように感じます。この本を手に取って読まれている方には、きっとご自身を突き動かす素敵な「なぜ」があるのだと思います。

徳留先生の自立・協働学習では、授業を録画しておくことで自分を分身させてしまうという忍者さながらのタブレット活用方法が紹介されていました。生徒さんが自分のペースで自分に合ったやり方で学びに向き合えるようにするための工夫そのものが自己理解、自立性、他人理解、協力といった非認知能力を伸ばす機会になっているんですね。初めは先生が非認知能力向上を意識したギミックだったのを、次は子どもたちが自分で意識して取り組めるようなギミックがたくさん登場しました。こうして自分たちで学び方を選ぶという形式に慣れていない段階では、徳留先生が色んなサポートをされたのではないかと想像しています。

前提として、「授業は子どもたちのものだから一緒につくっていこう、改善してほしい点は何でも言ってほしい」と宣言されていることから、最初は選択肢の数を減らす、自分で決めるのではなく、すべての方法を試してみてもらう、など試行錯誤されたかもしれません。上手くいったことといかなかったことを経て形が作られ、常に子どもたちと一緒に最適な学習環境を変化させておられるのだと思います。

さて、タブレット端末やパソコンのように新しい道具が導入されると、それ自体が良い・悪いの論争になりがちです。スウェーデンでも、就学前学校の学習指導要領にＩＣＴ教育が入れられた当初は特に、否定的な声が聞かれました。従来のやり方に「異物」を入れることに抵抗を感じる先生方、子どもにスクリーン時間（画面を見ている時間）を与えるのは良くない、という親御さんの心配の両方が渦巻いていました。

これもまた、教える側が、プログラミングを含めたデジタル化についての共通認識やＩ

ＣＴ機器の教具としての使い方を学ぶことから始めなければなりませんでした。私が勤めている学校ではデジタル化という分野における先生たちの理解と経験値をあげるために月に一度研修を行っています。

ある時、小型のデジタル顕微鏡を導入したのですが、最初は十分な光がないときれいに映らなかったり、子どもたちの手では画像がぶれてしまったりして苦戦しました。ところがある日、一人の先生が興奮して私のところへやって来て「今日森に行ったら子どもたちが小さなつぼみを見つけて、『これ持って帰ってデジタル顕微鏡で見ようよ！』って提案してくれたよ！」と教えてくれました。これは子どもたちがデジタル顕微鏡はどんな道具で、何ができるのかを理解しているということです。子どもたちが何かについて知りたいと思い、自分でどうすればもっと知れるのかがわかる、これは徳留先生がおっしゃったように「学び方を学ぶ」ということだと思います。先生に聞く、お友達に聞く、本で調べる、虫眼鏡で見る、などの選択肢の中にデジタル顕微鏡という選択肢が加わりました。こうして選択肢を増やしていく、それぞれの特徴を理解し、目的に合った使い方ができるようになる、これが自主的な学びを支えるのだと考えています。

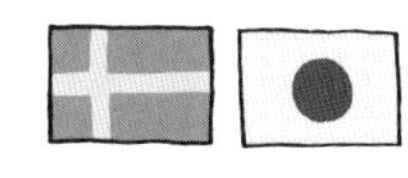

第VI章

学校改革で実現した大人と子どもの非認知能力向上

1

授業以外での非認知能力への取り組みとは？

中山芳一

宏紀さん、私の教育実践ステップを積極的に取り入れていただき体現してくださったことを、改めて光栄に思います。ありがとうございます。私がこうやって仮説・提案をしたことについて、学校現場の実践者である宏紀さんたちが体現してくださらなければ、それこそ「絵に描いた餅」になってしまいます。どんなに立派な理論であっても、実践してくださる現場があってこその理論ですものね。

ところで、宏紀さんの実践は授業だけではありません。この章では、授業以外で宏紀さんがどんな取り組みをされてきたのかについて教えていただけますか。そこにもまた、授業だけでは見ることのできなかった非認知能力向上のためのカギがありそうです。ぜひ、よろしくお願いします。

2

授業以外で行った非認知能力向上の取り組み

未熟さと悪循環の教員生活スタート

中山先生、授業以外の取り組みについてのリクエスト、ありがとうございます。第Ⅴ章では、授業をメインにお話ししてきましたので、この章では授業以外のことについても幅広くご紹介させていただきますね。

まず、私が大阪府で中学校の教員として働き始めた頃は、学校に落ち着きがなく、少しオーバーですが「子どもたちになめられてはいけない」「子どもたちは抑えつけるべき存在だ」とさえ思って過ごしていました。子どもたちに対して「指導」という名の抑止力を発揮することこそが優秀な教員であり、教員としての正義であると信じて日々を過ごしていました。今思うと、もっと違ったアプローチができたのではないかと後悔するほど、初任者の頃の私は教員として本当に未熟だったと思っています。そして、私だけでなくその頃の職員室は、張り詰めた雰囲気で、笑顔もなく、ほとんど誰もしゃべろうとしない、教員の間でミスは許されない、初任者の私にとっては「こんなところにいたくない……」とさえ感じてしまう環境でした。そんな環境下ですから、当然のことながら私の精神状態は思わしくなく、余裕が全くない状態だったのです。

さらに、教員2年目のときには、顧問をしていた部活動での経験不足、若さゆえの未熟さで空回りし続け完全に悪循環に陥ってしまいました。迎えた3年目には、部活動の顧問も、そして担任まで外れてしまうことになったのです。そんな私は、「やってられない」と投げやりになりそうな気持ちを必死に抑え、「こうなったら自分で自分の理想とする環境を創っていくしかない」と考えるようになっていきました。

学校改革の推進リーダーに任命

そのような中、教員5年目のとき私にチャンスが訪れました。なんと在籍していた泉佐野市立新池(しんいけ)中学校が、大阪府のスクール・エンパワーメント推進事業である「確かな学びを育む学校づくり」の指定を受けることになったのです。この事業は、「子どもたちの学力向上を柱として、学校改革を進めていく」というものでした。担当する教員は、その中心となり授業や担任を持たず、幅広く学校運営に携わる役目を任されます。人事発表のとき、校長先生から「学校改革の推進リーダーは德留にする。そして、この取り組みを学校運営の柱にしていく！」と熱い言葉と共に任命されました。今思うと、私の教員人生の大きなターニングポイントであったことは間違いありません。

しかし、当時の私は、担任としての再起をかけているタイミングであり、日々奮闘していたところでした。さらには、授業づくりに燃えている真っ只中でしたので、担任を持たない、授業も持たないという状況は、到底受け入れられるものではありませんでした。担任を持たなくなると、目の前の生徒たちと過ごす時間が減ってしまうのではないか、そもそも、このポジションがいったいどんなことをするのかさえも理解しておらず、不安と葛藤で一杯だったのを覚えています。

そんな思いを持って迎えた3月末、授業づくりのきっかけをくださった大東中学校の筧先生と当時の大東中学校の校長先生との食事会がありました。その食事会では、不安と葛藤の中で、人事配置に納得がいっていない私に対して、「今の状況は、德留が悪い。俺と筧の関係を見てみろ。日々コミュニケーションをとって、いろんな想いを伝えあってるからこそ、信頼できるんや。お前はまだ校長先生とその関係を築けていない。」と、ものすごい勢いで、お話いただいたことを覚えています。その熱い叱咤激励に背中を押された私は、何をするのが正解なのかわからないポジションでありながらも、前向きに、そして校長先生はじめ、先生方とたくさんコミュニケーションをとって、改革を進めていこうと決意することができたのです。

担当者になってからというもの、毎日のように校長室へ足を運び、校長先生と学校の未来について意見交換したり、プライベートでも食事に連れて行っていただいたりと、大変お世話になり関係を深めていくようになりました。

そして、1年が過ぎた頃、「あの時は、推進リーダーを引き受けるかどうか、考えさせてほしいなど偉そうなことを言って、本当に申し訳なかったです。今では本当にやりがいと楽しさを感じ、日々働いています」とお伝えすると、「俺はずっと教育委員会でも人事関係のことをやってきたんや。俺の目には間違いはなかったやろ！」と満面の笑みで答えてくださいました。そんな校長先生の下、「challenge & create～やっちゃえ新池！　イケイケどんどん～」を合言葉に、学校改革はスタートを切りました。

まずは教員である大人が変わること、そして教員集団がチームとして変わること、その上で子どもたちが変わり、学校が変わっていくのではないかというシナリオを立てました。

学校改革のシナリオ

頭の中では簡単にイメージできても、多様な人間関係、さらには多忙な日々の中取り組みを進めていくことはかなりチャレンジングなことでした。

教員間での心理的安全性を高める取り組み

こうしてスタートした学校改革。当時を振り返ってみると、「教員に対する非認知能力の向上」を意識した取り組みが、「子どもたちの非認知能力の向上」につながっていったのではないかと思います。子どもたちの学力向上をめざす取り組みを推進するにあたり、まずは、先生方が自分の持てる力を１００％発揮できる環境を創ることから進めていきました。それが「心理的安全性」に重きを置いた、組織マネジメントでもあったのです。私は、教員たちが非認知能力を向上させていく上で、この心理的安全性の担保は欠かせないと考えていました。なぜなら、他者が自分を受け入れてくれない態度であったり、安心して本音を話すことができる場でなかったりすると、いくら自分の非認知能力を発揮しようとしても発揮することができないからです。まさに、様々な非認知能力を教員たちが向上していく上で、心理的安全性や自己有用感は支えになってくれると捉えることができます。

そこで、教員間での心理的安全性を高めていく取り組みとして、大きく3つのことに力を入れてきました。

①チームとしてめざしていく方向性の共通認識
②教育観や価値観を共有する対話型のワークショップ
③教員の関係性が高まる職員室の配置転換

これらの取り組みについて説明していきたいと思います。

まず私たちは、チームとしてめざしていく方向性の共通認識を持つために「すべての生徒がわかったら楽しい・できたら嬉しいを実感できる授業をめざして」をテーマとして進めました。とにかく、私たちはチームで一緒にやっているのだ、私たちのめざすところは

ハンドブックと通信

TM通信　Challenge & Create

第27号
2019/6/14
文責　徳留　宏紀

井村先生　おつかれさまでした！

研究授業ありがとうございました！プレッシャーがかかる中見事に大役を果たしてくれました。子どもたちが苦戦しながらも問題に向き合う姿が印象的で、子どもたち同士がつながり、学びから逃げずに取り組む空気感が素晴らしかったです。日ごろから子どもたちと関係を築いている井村先生だからこそできる素敵な授業でした。ありがとうございました！

新池ブランド　新池プライド

研究協議では、タイマーの時間が来ても話足りないくらい一人一人が思いを話し、安心して意見を出せる時間となりました。本当に、この空気感がたまらないです。最高すぎます！！楽しい空気、あったかい空気、一人一人が大切にされている空気、間違いなく私たちが誇れるところです。新池にくると、学ぶことができる。新池にいると頑張ろうって思える。このメンバーとなら乗り越えられる！それこそが、新池ブランドであり、新池プライドだと思います。一人も見捨てない職員室であることが、一人も見捨てない教室を作ります。支えあい、高め合って行きましょう！！

オリジナルのハンドブックと職員向け学力向上通信

ここなのだと、主語を「私たち」にできる取り組みを意識したのです。これこそが当事者意識の醸成といえるでしょう。年度初めに完全オリジナルで作成した授業のハンドブックを配布し、読み合わせを行い、先生方が授業に対して共通認識をもって臨むことができる環境や、授業づくりで困ったときに戻ってくることができる心の拠り所として活用しました。「なぜ『めあて』を提示するのか」「なぜ『ふりかえり』を行うのか」などの理由や意図を明確にすることで、意味付けを行い、目的意識をもって実践することができるようにしていきました。

さらに、職員向け学力向上通信を作成し、先生方の授業実践を取り上げ、どの先生がどんなことにチャレンジしているのかを、全員で共有できるようにしました。「通信で他の先生の良い所を知ることができるし、自分の実践が載ったら嬉しい！」「あの先生から学びたいなと思った」など、一人ひとりのモチベーションのアップにつながり、さらには心から同僚をリスペクトすることができる仕掛けへとつながっていったのです。

続いて、教育観や価値観を共有する対話型の研修会では、非認知能力の向上を支える心理的安全性を担保するために、声の大きい人の意見が勝ったり、「やっぱり教科の壁があるよね」で終わったりしないような工夫を行ってきました。私は、様々な学校の研修会へ参加する中で、研究授業の授業者へのリスペクトを欠く研究討議や、ベテランが活き活きと自分の武勇伝を語ってしまい若手の顔から輝きが失われている場面に遭遇することが多々ありました。くれぐれもそんな研修会にはならないように、経験や立場に関係なく誰もが平等に対話することができる、教育観や価値観に対する話題を軸に進めていくことにしました。

その一例こそが、まさに「子どもたちに身につけていきたい非認知能力とは」という対話テーマです。4～5人一組で、付箋に生徒たちに育んでいきたい非認知能力を記入し、どの能力を学校・学年・個人レベルで育てていくのかをピラミッド型の分類表を描いた模造

リスペクトと心理的安全性に重きが置かれた校内研修の様子。

紙に張り付けていきました。このワークを通じて、互いの教育観に触れることができ、日々の行動や言動の背景にある想いを共有することが可能になり、他者理解につなげられたと思います。

さらに、自分の大事にしていることをしっかりとふりかえり、自分と向き合う時間にもなったのではないでしょうか。ここでも同僚へのリスペクトをもって臨むことの大切さについて、改めて全員で確認できる場となっていったのです。ちなみに、研修会は必ず金曜日に行い、研修会のあとは、場所を居酒屋に移して、「酒体的・対話的で深い飲み会」として、延長戦を行える工夫もしていました（笑）。もちろん、幹事は私で、先生方に少しでも楽しんでもらえるように、その日の研修の様子をまとめたオープニングムービーを作成して上映

職員室の配置転換

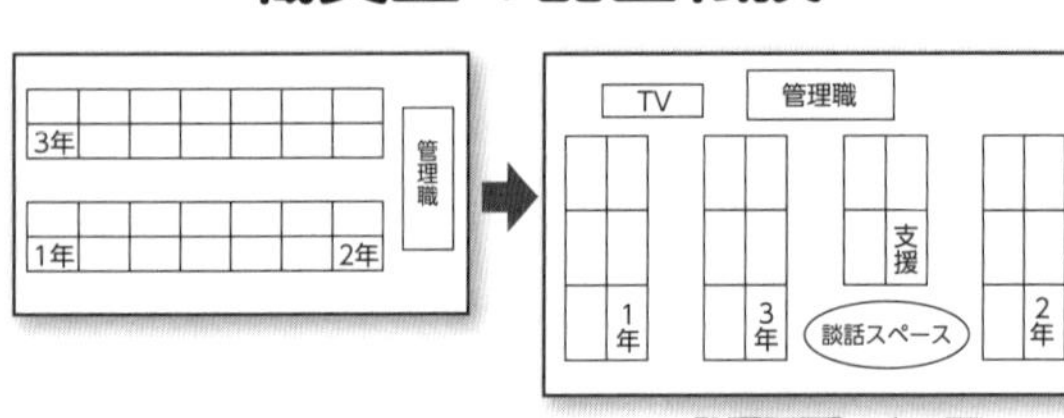

大幅な配置転換
談話スペースの確保

環境が**コミュニケーション**を生む！

したり、飲み会の様子を動画に収め、飲み会中に編集作業をして、エンドロールのムービーを作成したりしたこともありました。とにかく皆さんに楽しんでいただき、「また来たいな」と思ってもらいたいという一心でがんばっていました。

最後に、教員の関係性が深まる職員室の配置転換です。かつての職員室の座席配置は、上図のように大きな島が二つあるものでした。この配置だと通路が少なく、教員同士の物理的距離が遠かったのです。物理的距離の解消が、よりよい心理的距離を生み出すのではないかと考え、机の向きを変え、島の数を増やし、通路をたくさん設けました。この大移動を行った利点は多岐にわたり、まず見通しの良い空間になったことで、孤立する教員を生み出さない空気が出来上がり、困っている人に手を差し伸べやすく、助けを求めやすい環境になったのです。

最もこだわったのは、円卓を配置し、職員室内に談話スペースを設けたことです。この円卓は、教員たちが集まって会話が生まれ、心の余裕を生み出せるようなスペースとして重宝されました。環境によって、自然と非認知能力が意識されるものを創り出していたのだと、先生方の好評の声から価値づけすることができました。

また、みんなで一緒になって、大移動を行ったことで、作業中にコミュニケーションが生まれ、協働の意識も高まりました。これは、教員同士の「他者とつながる力」を引き出すためのギミックだったのかもしれませんね……。

このように心理的安全性を高め、担保していく取り組みの結果、皆に大きな変化が見られるようになりました。特に、職員室内での会話内容や行動に表れていました。かつては、子どもたちに対する困りごとがあっても、周囲の教員に相談しづらい雰囲気でした。お互いに共有できる話があるとすれば、それは生徒に関するネガティブな内容ばかり……。しかし、それが打開されて「今日は授業の中で○○さんがこんな感じでがんばっていたよ」「最近あの子、友達に積極的に関わりに行くようになって、変わったね」などポジティブなものになっていきました。

そして、授業づくりで困ったときは同僚に相談でき、さらには「ワクワクする取り組みを一緒にやりましょう」という前向きな話が増えていったのです。実際に教員アンケートでは、「子どもとの関わりで、悩んだり落ち込んだりしたときでも、前向きに取り組めるようになった」「教師の仕事で授業が一番大切という当たり前のことを大切にする雰囲気が校内にある。そのことで、授業をお互いが見たり、アドバイスしあったり、必要な情報が聞けたりする」「先生方の学びに向かう姿勢や意欲が大きく変わったと感じる」などの声が次々と聞こえてくるようになりました。

このような取り組みを通じて、「みんなで一緒に頑張っていきましょう！」と前向きになれるチームワークが取れた同僚たちと、チャレンジした先の失敗は許される、それをみんなで応援していこう、解決していこうという教員集団へと変容していったのです。「チャレンジするからこそ失敗がある！　それを成長に変えていこう！」この土台こそが、大人たちの非認知能力の向上に大きな影響を与えたと私は考えています。

そして、何よりも大切なことは、大人の姿勢がそのまま子どもたちに伝わっていくことです。よく私は教員向けの通信で、「大人の学びと子どもの学びは相似形。子どもは大人を映す鏡」と発信してきました。ちょうど中山先生も2018年出版の前書で「大人が変われば子どもも変わる」と書かれていましたが、私たち教師は生徒たちにとって重要な環境、この環境が変われば生徒たちも変わっていきますよね。だからこそ、子どもたちの前にまずは大人たちのチームとしての在り方、「心理的安全性」にフォーカスした取り組みを進めていったのです。

コロナ禍の「ファーストペンギンプロジェクト」

私たちの学校が改革の3年目を迎えた頃、新型コロナウイルスが世界中で猛威を奮い始めました。通達された全国一斉休校は、まさに「寝耳に水」。子どもたちの学びを今後どうしていくのか、そもそもの学校の在り方、価値とは何だということについて問い直す機会となったことは記憶に新しいところです。初めは未知の状態に対してどうしていくのが良いのかを模索していましたが、私が推進リーダーとして方向性を示した時には、一人また一人と想いが伝わり、行動を起こしてくれるようになりました。

例えば、子どもたちにとって最善の学びを提供するために授業動画を作成したり、研修会実施に向けたモチベーションアップのチラシを作成してくれたり、保護者に対しての説明文書を管理職の先生が早急に準備してくれたりしました。

このように、今までの継続したチャレンジから、すでに私たちは「みんなでやっていこ

ファーストペンギンプロジェクトのイメージ

う」という気持ちになっていたのでしょう。そのため、この未知の状況にもみんなで立ち向かっていこうという雰囲気に自然となっていました。それからほどなくして、「GIGAスクール構想」に関わる一人1台タブレット端末が導入されました。これまた未知な状況に、未知な道具……教員たちにとって本当に大変なタイミングであったと思います。

しかし、本校は、Google認定教員の資格をもつ私を中心に、以前からICTを活用した業務改善に力を入れてきたため、私たちが大阪の泉佐野市、そして全国に先駆けた取り組みを進めていく宿命にあるのだと本気で信じていたのです。そこで打ち出したのが「ファーストペンギンプロジェクト」。このファーストペンギンプロジェクトは、ペンギンの集団の中で、勇気をもって1羽目が海に飛び込むことによって、そのあと他のペンギンたちがついてくるというものになぞらえて、「今こそ、私たちが1羽目のペンギンとなって、力を合わせ、勇気をもってチャレンジしていきましょう。私たちがやらなくて誰がやるのですか！」という気持ちを前に押し出した共通認識です。この共通認識のもと、様々なことを調整していく中でのコミュニケーション、未知なことへの冒険心、やってみたら何とかなるだろうという楽観性などがどんどん育まれていった時間になったと思います。兎にも角にも先生方が楽しみながら、新しいことへチャレンジしていっていた姿が印象的でした。

さて、ここまで、大人たちの挑戦にスポットを当ててお話ししてきました。初めにイメージした学校改革の狙い通り、まずは大人のアップデートが必要不可欠だといえるでしょう。ただし、私たちは、公立中学校教員です。そのため、どうしても転勤があり、毎年度教員の入れ替わりも激しいのです。年度が変われば、あっという間に積み上げてきたものがリセットされてしまいかねません。だからこそ、先生方と積み上げてきたものを大切にしたい、そして学校の伝統にしていきたいと考えるようになったのです。

そこで、次なるターゲットが子どもたち、という流れになっていきました。というのも、先生方だけで蓄積と継承を進めるのではなく、生徒たちも交え、一緒に学校全体が「伝統」をつくっていく……先生と生徒の「ONE TEAM」こそが、相次ぐ転勤からのリセット問題に対する打開策だと確信したからです。

生徒会を改革するための取り組み

かつての本校では考えられなかった「子どもたちが主体的に前に出て活躍する」ことができるようになれば、その姿を見た後輩が先輩へ憧れ、「私もあんなかっこいい姿になりたい」と心から思える、まさに「伝統」を作っていけるのではないかと考えた私は、生徒会改革に着目したのです。これまでは、生徒会執行部の生徒は学校のために頑張っていましたが、その活動が発信されることもなく不透明な部分が多くありました。また、生徒会自体が自発的なものではなく、先生から声をかけられた生徒が担当するというような構図になっていました。ほとんどの選挙演説では、「意見ボックスの設置」が高らかに宣言されるばかり、という状況でした。

そんな生徒会を改革するための最初の取り組みは、教師のときと同様にコンセプトづくりでした。私たちは何をめざすのか、どんな活動をし、どんな形で学校に貢献していくのかを決めました。そして決まったコンセプトが「前例にとらわれない、生徒が創造する、日本一の取り組み」に決まったのです。そしてここへ、頼もしい助っ人である企業が加わってくれることとなりました。それが株式会社リクルートです。リクルートと生徒会がチームを組み「Shinike and Recruit Interactive」略して「チームＳａＲＩ」が誕生しました。月に一度、社員の方と子どもたちがミーティングを行い、現状の把握や今後どうしていくかなどについて、半年間にわたって伴走してくださいました。企画書の書き方や人を惹きつけるプレゼン方法なども伝授してもらい、子どもたちが自主的に楽しみながら取り組んでいきました。チームＳａＲＩの功績は、生徒会が主催となって放課後学習塾「新池塾」を行うことや、パソコン使用時のイヤホンの使用許可、新池サイトの設立など多岐にわたっていきます。

チームSaRIのロゴマーク

しかし、この権利を勝ち取るまでの道のりは子どもたちにとって決して、簡単ではありませんでした。すべての内容において、教員たちの前でプレゼン大会を行い、承認を得ていったのです。子どもたちの本気の姿に応えようと、大人たちも本気の姿勢で臨み、鋭い質問や指摘を繰り出し、張り詰めた緊張のあまり涙する生徒の姿も見られました。このような経験の中で子どもたちは何度も立ち上がり、よりよいものを追求していく姿が見られました。チームで進める中で、自分の感情をコントロールする場面や相手の意見に耳を傾け、自分の想いとすり合わせ納得解を見出していく場面も見られました。授業ではない、特別な時間を通して、チームＳａＲＩのメンバーはたくましく成長していったのです。

そんな先輩の姿を見て、生徒会が子どもたちにとって憧れの場所へとなっていきました。「生徒会執行部に入れば、みんなを引っ張っていくことができる。そしてその経験の中で人として大きく成長することができる。授業では味わうことのできない特別な時間を過ごし、様々な経験をすることができる」と子どもたちが感じるようになっていったのです。何と、次の生徒会選挙ではすべての立候補枠に対して、複数名の立候補者が出てその座を争うまでになりました。公約も（十把一絡げの意見箱設置ではなく）一人ひとりがオリジナルの案を、自分の言葉で語る姿が見られるようにもなりました。

ただ、ここは学校です。「すべての生徒に成長してもらいたい、すべての生徒が自分の学校に対して当事者であってほしい」と私は感じるようになっていました。そこで出てきた生徒会の新たな挑戦が「学校まるごとオンラインミーティング」です。学校まるごとオンラインミーティングとは、全クラスをオンラインでつなぎ、生徒会が司会進行を務め、学校全体で考えてもらいたい内容についてプレゼンし、それに対して各クラスで学級会を行い、その内容を全体に向けて発表し全校生徒で共有し意思決定していくというものです。ここでの目的は、全校生徒の当事者意識の醸成と、大人たちが子どもたちのチャレンジを信じて、見守ることの重要さに気づくということでした。どうしても私たち教員は、先回りして子どもたちに失敗させないようにしてしまいがちですが、未知の状況に対して、子どもたちが向き合い乗り越えていくことの大切さを学んでほしい、そのためにはすべてを受け入れていこうと教師たちも共通認識をもって臨みました。

実際行ってみると、時間配分や、スムーズな発表など様々なことに気を配り、奮闘する生徒たちの姿が見られ、子どもたちの充実感に包まれた時間となりました。1年間で4回実施した学校まるごとオンラインミーティングですが、「Chromebookの在り方とは」という、ルールを自分たちで考えていく議題や、「新池中学校の魅力=新池ブランドとはなんだろうか」といった、全校生徒が自分の学校に誇りを持つことができるしかけを生徒会役員らが自発的に考えて問いかけることで、毎回白熱した議論が行われていました。

さらに、時代に合った校則に変えていこうとするプロジェクトでは、「校則改善について私たちが考えなければならないこと」をテーマに全校生徒で話し合いも行ったのです。実は、この取り組みの前に、生徒会執行部員とスウェーデンにいる麻衣さんとオンラインでミーティングを行い、スウェーデンの校則の在り方や何のためのルールなのかについて丁寧に教えていただきました。そのおかげで、今までにない視点をもってミーティングに臨むこともできてました（麻衣さん、あの時はお世話になりました）。校則改善もなかなか簡単には進まない状況でしたが、仲間と切磋琢磨しながら、問題に向き合う姿に大きな成長を感じていました。このように、子どもたちが自らチャレンジをし、困難な状況も乗り越えていく環境をいかに創っていけるかが学校現場に求められているものであ

学校まるごとミーティングの様子。

るなと痛感しています。それでこそ子どもたちは、自分で考え、自分で判断し、自分の力で歩みを進めていくことができるということです。

eスポーツを取り入れた探究学習

最後にご紹介するのは、1年生の総合的な学習の時間に行った「eスポーツ」を用いた「探究学習」です。この学習は、泉佐野市立新池中学校の1年生だけではなく、大阪市立新巽（たつみ）中学校の1年生とも合同で実施したものです。新巽中学校とは、前述の生徒会改革でも以前から交流があり、オンライン生徒会交流会などを実施していました。新巽中学校へのリスペクトと、一緒に取り組みを進めていく仲間としてお互いの「新」を取って「シンシンコンビ」と呼び合っています。eスポーツを取り入れた学びは、新巽中学校が先行しており2020年度から行われていました。

ちなみに、2020年度は「ゲームは悪なのか!?」について探究し、探究結果の発表会と校内でのeスポーツ大会の実施を実現させるほどでした。さらに、地域の団体と合同開催で「ゲーム×多文化共生」をテーマにした取り組みも行っていました。ありがたいことに、今回はその第3弾として他校との交流を通して学ぶというテーマを掲げ、一緒に探究する流れとなったのです。仕掛け人の新巽中学校の山本昌平先生は、「教育現場においてあまりよくないイメージのあるゲームやeスポーツが、非認知能力をはじめとした資質・能力を向上させるツールになり得ることを示せたら、ゲームへの価値づけはもちろん、常識を捉え直す機会にもつながります。価値を捉え直す営みが増えることで、多様性を認め合う心の醸成につながる。ゲームって究極の多様性だと思うんです」と明言しています。

さて、3カ月に及ぶ合同での探究学習は「ゲームは見えない力を育めるのか」をテーマにして行われました。その過程で、プロゲーマーの方にお話をしていただくことや、ゲームとの付き合い方について考える時間、ゲームを通じて得られるだろう非認知能力について議論するなど、様々な角度から学びを深めていきました。迎えた「探究学習発表会&オンラインeスポーツ大会」では、子どもたちが司会進行、ゲーム実況、参加者インタビューなどを行い、自ら率先して動く姿があちこちで見られました。途中、インターネットの接続不良で進行が滞った際にも、臨機応変に自分たちで場を繋ぎ盛り上げる一幕もあったほどです。

このeスポーツでの学びを通じて、声をかけ合って協力する姿から他者を大切にする気持ちや、初めて出会う同世代の子どもとオンライン上でミーティングを行うことで得られ

探究学習＆オンラインeスポーツ大会の様子。

るコミュニケーション力、勝ち負けを通じて生じる感情を自分でコントロールする力などが子どもたちに育まれたのではないかと思います。そして、物事を多面的に捉えることで、新たな価値を見出すことや、ゲームを通して学ぶという非日常的で特別な時間を過ごすことで得られる経験が、今後に活かせるのではないかと思います。

また、今回成長できたのは決して子どもたちだけではありませんでした。今まで取り組んだことのないeスポーツへチャレンジしようと一歩踏み出した教員たちもまた成長できたのではないでしょうか。なぜなら、すべての学校ではありませんが、前例踏襲や事なかれ主義で語られることが多い学校現場でありながら、「まずはやってみよう。何かあってもみんなで考えて乗り越えていこう」

というスタンスで臨むことができたからです。実際取り組みを進める中で、タブレット端末にゲームがダウンロードできない状況が発生したり、ゲームをしようとすると一斉にアップデートが始まったり様々なトラブルも発生しました。

しかし、他校と一緒に行っているからこそ、途中で投げ出すという発想に至ることもなく、どのようにすれば解決できるのかを学年の先生方が相談し合い、協働して乗り越えていったわけです。この同僚間のチームワークこそが学校現場に必要なことであり、子どもたちが様々な非認知能力を育んでいく前に、私たち大人こそが自ら学び、成長していく姿によって語っていくものであると思います。

このように学校改革を通じた様々な取り組みの中で、大人も子どもも大きく成長したと思います。学校現場が変わるときは、まずは大人のマインドチェンジが必要不可欠です。「チームとして一緒に頑張っていこう」「失敗を次に生かしていこう」という雰囲気を土台にできたことが大きいのではないでしょうか。そんな環境だからこそ、大人たちがチャレンジでき、その姿を見て子どもたちもチャレンジすることができます。認知能力と非認知能力が「コインの裏表の関係」とするならば、学校現場における大人と子どもの非認知能力もまた「コインの裏表の関係」なのかもしれません。私たち大人が変化を恐れず、未知の状況にも立ち向かい、学び、成長していく姿こそ、子どもたちにとって最高の環境になっていくと私は確信しています。

3 学校現場のリアルこそがエビデンス

宏紀さん、8年間に及ぶ中学校での実践経験をリアルにご紹介してくださったこと、心から感謝しています。最近よく言われる「エビデンス」という言葉……、ついつい私たちは定量的なエビデンスにばかり目を向けてしまいますが、宏紀さんのような現場のリアルな語りそのものも、かけがえのないエビデンスなんだと改めて実感できました。

大人が変われば子どもは変わる、教員が変われば生徒が変わる、理屈としては簡単に理解できるのですが、自分とは異なる年齢、性格、成育歴、経験、価値観などを持った人たちと実際に共通認識を持ち、いろんな壁を一緒に乗り越えていくことは、本当に大変だと思います。そこには、決して数字には表すことのできないものがたくさん埋め込まれていますよね。

さて、麻衣さん！　第Ｖ章に引き続き、日本の公立中学校での宏紀さんの挑戦についてコメントをお願いします。

大人たちのアップデートは、そのままクラスに適用できる

田中麻衣

月一の会議をアトリエでのワークショップに

徳留先生はまずは大人のアップデートを、ということで心的安全を確保された上で対話型の研修会を行い子どもたちに身に付けていきたい非認知能力について議論されました。また、会話をうみやすいように物理的環境を変える工夫をされました。これらの工程や工夫は他の先生方がクラスで実践を始める際に、そのまま適用できるものばかりだと思います。先生方は通常業務だけでもやらなければならないことが多く、立ち止まっている暇はないんだという現状があるでしょう。普段立ち止まって考える余裕がないからこそ、研修会のような場で自分の価値観や教育観を振り返ったり、他の先生方のそれに触れたり、新しい

ものを取り入れたりする時間をつくりたいですね。

私が今の学校に勤め始めた際、クラス間の連携があまりないということが問題になっていました。例えば、先生が病欠した際には他のクラスの先生が助けにいったり、そのクラスの子どもたちを他のクラスで受け入れるという対応をするのですが、どのクラスが対応するかでもめてしまったり、不満が出てもそれが私のところに届くだけで当人同士で解決を試みないという状態でした。まさに、心的安全が確保できてないがために起きている状況だと考えました。

アトリエでのワークショップの様子。

そこで、アトリエの先生にお願いして、月に一度の会議を15分ほどのワークショップで始めることにしました。ワークショップを通して普段話さない先生と話したり、共同作業する機会をつくると同時に「創作とは」に関する共通認識を築くことが目的です。せっかくなので少し例を紹介しますね。

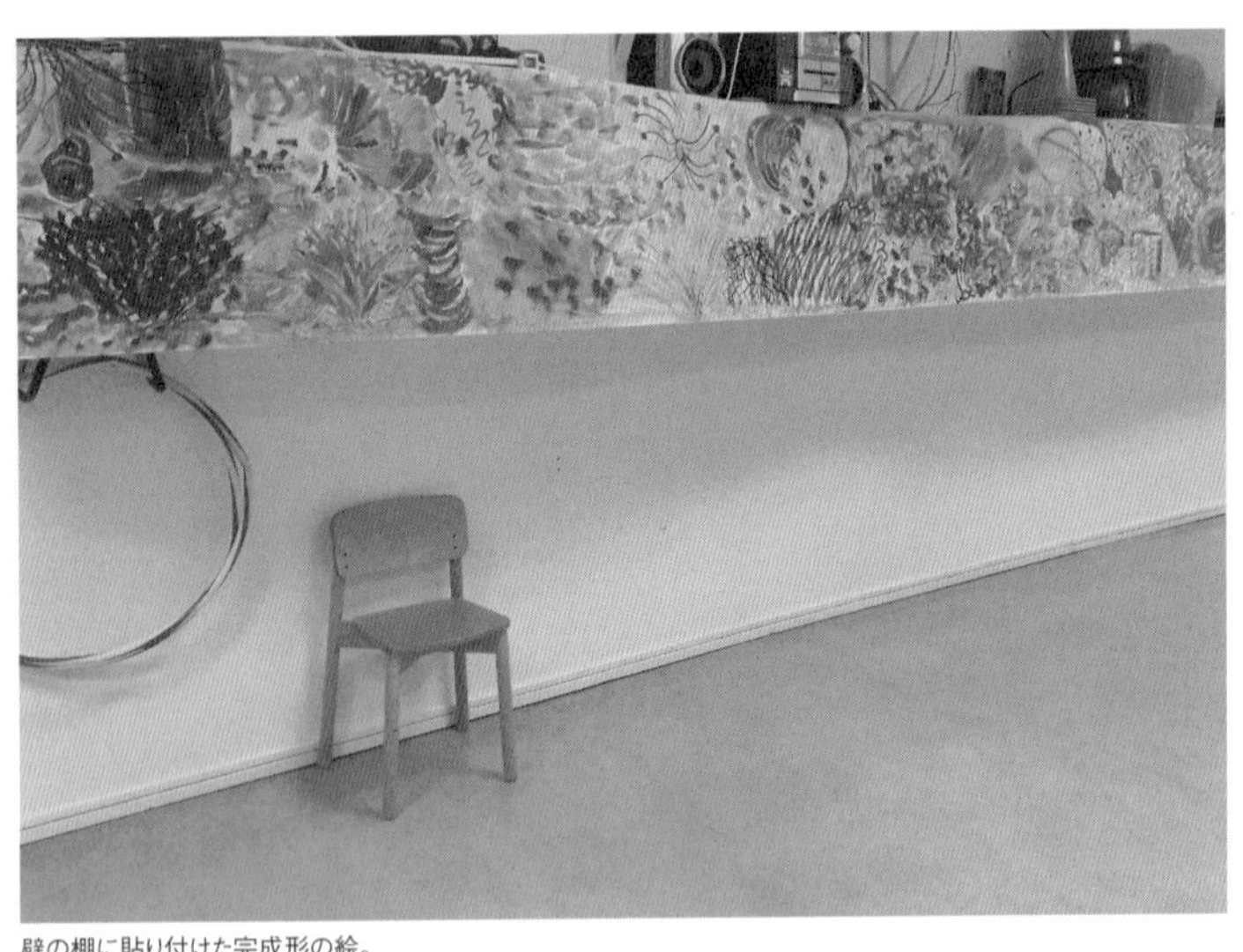

壁の棚に貼り付けた完成形の絵。

まず、大きな模造紙を長机にベルトコンベアのようにぐるっと巻き、紙を回せるようにします。机には色んな絵具と筆が置いてあります。机を囲うように先生方は立ち、音楽が流れたら思うままに筆を走らせます。ここでは星や動物のようなわかりやすいものではなく、できるだけ何なのかわからない抽象的なものを描くように伝えます。１分ほどで紙を少しずらします。隣の先生が描いていたところが自分のところにくるようにです。他の先生が描いていたものの上から書いたり、間を埋めたりと隙間が完全になくなるまで紙をずらしながら進めます。絵が乾いたら壁に貼り付け、自分の「ここがきれい」「ここが醜い」「ここが美味しそ

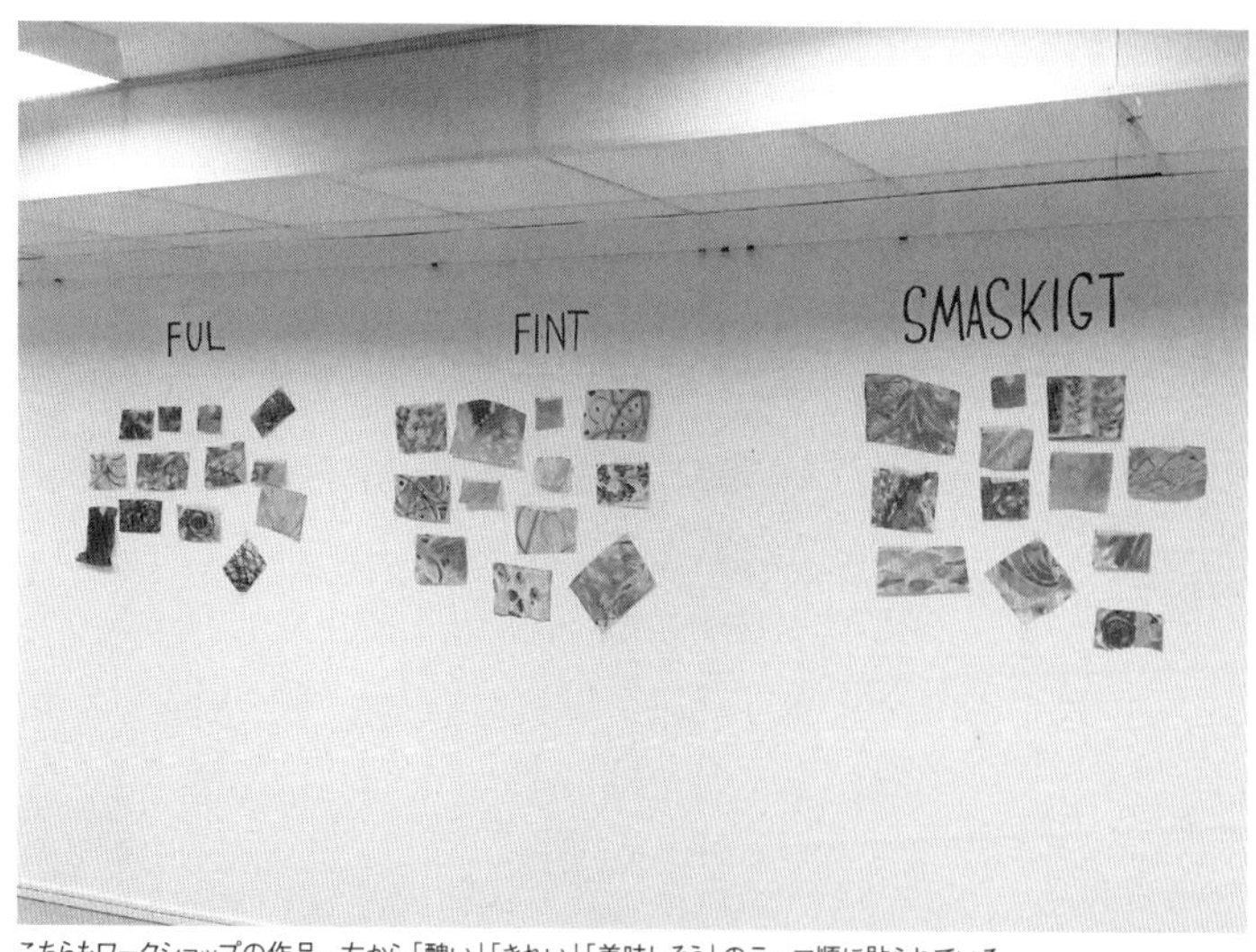

こちらもワークショップの作品。左から「醜い」「きれい」「美味しそう」のテーマ順に貼られている。

う」の3か所を見つけ切り取ります。

そして、それについてなぜきれいだと思うのか、なぜ醜いと思うのかなど発表します。誰かがきれいだと思ったところを他のひとは異なって感じたり、またその逆もありました。ふりかえりではアートに醜いってないよね、結果じゃなくてプロセスでどんな体験をするかが大切だよね、という声が聞こえてきました。何より嬉しかったのは普段みんなの前に出て来て発表しない先生が二人も率先して発表してくれたことです。和気あいあいとした雰囲気で会議をスタートさせることで、その後の会議でも発言が増えたり、前向きな意見がでやすかったり、と効果を感じています。

そして、教員の異動により生じる積み上げてきたもののリセットを防ぐために、子どもたちが一緒になって伝統をつくり受け継ぐという徳留先生の解説策にはなるほど！　と思いました。子どもたちにとって外部の大人にきちんと話を聞いてもらえる機会はとても貴重だと思います。何かを変えられたという成功体験が、また問題に直面した時「なんとかできる」という自信に変わると思うからです。

かつて、「学校まるごとオンラインミーティング」で徳留先生の生徒さんたちと校則についてお話しさせてもらった時（１４０〜１４２ページ参照）、そんな自信が生徒さんたちに備わっているように感じました。皆さん、自分の言葉で一つひとつ丁寧にお話ししてくれましたし、質問も具体性があって何が問題で、どんなところに躓いているのかをしっかり把握したうえでの質問だったと思います。後日いただいたふりかえりには「生徒会の中でも、校則改善に対する考え方にずれがまだあると思います。それが良い悪いということではなく、お互いに自分の考えを伝え、知った上で一つの軸をしっかりさせておかないといけないと思いました」という言葉があり、インプットを自分の中でかみ砕いて生まれた気づきと解決策や異なる意見への尊重を感じました。

スウェーデンの校則とクラスルールの定義

さて、校則の話が出てきたので、スウェーデンの学校庁が提唱する「良い校則」に求められる要素を紹介したいと思います。

- 数を多くしない
- 共通認識をつくる
- 誰が判断してもルール違反がわかる明確さ
- 破った場合の対応が明確であること
- 決めたルールがどういった影響をあたえたのか、ふりかえり改善につなげる（決めたら終わりではない）

スウェーデンでは、学校全体の校則があり、それを補完する形でクラス内、あるいは科目ごとのルールを毎年決めるというのが一般的なやり方です。そもそもスウェーデンの校則は、みんなが安心して、気持ちよく学び、過ごせる学校を作るためにあります。そこで、「みんなが安心して、気持ちよく学び、過ごせる学校とは、どんな環境なのか？」ということをクラスで話し合い、自分たちの言葉で定義し、それを実現するためのルールがクラスのルールになるのです。この話し合いは、自分の思う「安心できる環境」は必ずしも他人のそれとは同じではないことを知るための大切な経験であり、その上で折り合いをつけることを学ぶ機会になります。

そして、ルールや決まりを振り返らなくてはなりません。このルールによって、実現したかった環境を作り出すことができたのか？　曖昧なところはなかったか？　そもそもそれは必要なルールだったのか？　こういったことをみんなで振り返った末、当時必要だったルールが子どもたちの成長によって、もう必要でなくなることは、ごく自然なことなのです。このようにクラスの成熟度によって必要なルールは変化していきます。子どもたちの成長に合わせて校則も、クラスルールも成長させることで、子どもたちの成長を認め、自立を促すことにつながるのではないでしょうか。

次に、ある学校の校則の一例を紹介します。

- お互いへのリスペクトを持つ
- 学ぶための環境づくりに貢献する

- 言葉遣いに気を付ける
- 学校の教室や備品を大切に扱う
- 上着や外靴はロッカーにしまう

また、別途禁止事項も次のようにあります。

- 飲酒、薬物の所持・使用
- 喫煙
- 危険物の持ち込み
- 許可なしの撮影

そして、この校則をふまえたクラスルールの一例が次の通りです。

- 教室では自由に議論でき、話しにくいことでも取り上げられる
- 誰かが話している時は聞く（そうすることでちゃんと話が聞こえるし、話す勇気が持てる）
- みんなベストを尽くす
- 私たちにとっての学べる環境は、静かであること

・他の人と意見が違っても、ありのままの私を受け入れてもらえる

いかがでしょうか？　校則の内容が広範にわたるのに対し、クラスルールはクラスメイト同士の具体的な行動や定義であるのがわかると思います。校則を子どもたちが自分の言葉でチャンクダウンしたものが、クラスルールになるんですね。

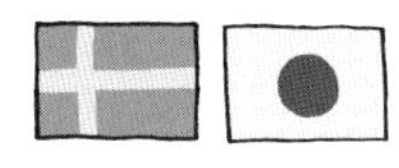

第Ⅶ章

スウェーデンの教育実践「３つのLearn」とは

1 非認知能力の教育実践ステップとスウェーデンの教育は似ている

中山芳一

第Ⅵ章まで、いま、日本で私たちが取り組んでいることを提案レベルと実践レベルで紹介してきました。そして、そこにスウェーデンの教育実践者からの視点をスウェーデンの麻衣さんからいただきました。多くの場合、同じことをやろうとしているんだな……という印象を持つことができて、嬉しさと安堵感がありました。日本とスウェーデンだけが取り組む必要はないのですが、「こんなことやってみたら、こんなエビデンス（特に定量的な証拠）が出てきた」ということがなかなかシンプルに言えない教育現場だからこそ、国境を越えた「パートナー」の存在は心強いものです。

ということで、ここからはそんなスウェーデンの教育実践について麻衣さんにご紹介いただきたいと思います。麻衣さん、お願いできますか？

2

民主主義的価値観を育む3つのLearn

田中麻衣

はい、中山先生ありがとうございます。第Ⅴ章まで日本の取り組みをしっかりと紹介していただきました。実際に日本で行われている具体的な実例を、いくつも知ることができてワクワクしました。ここからは、先ほどの中山先生や德留先生が非認知能力を伸ばすための提案と実行をしてこられたことと重ねながら、私が経験してきたスウェーデンの教育について紹介していきたいと思います。

第Ⅰ章でもご紹介した「Värdegrundsarbete（ヴァーデグルンズアルベーテ）」ですが、厳密にはスウェーデンにおける民主主義的価値観を育むとともに、それに付随するスキルを身に付けてもらうための取り組みのことを指しています。中山先生の提案にもありましたが、価値観のような抽象度の高いものを育成することは大切なものの、そこをどうやって育成していけばよいのかは、とても難しい問題ですよね。

そこで、スウェーデンでは次の3つのアプローチ（3つのLearn）を活用しています。そ

民主主義的価値観を育むための教育における３つのアプローチ

Learn about

- 民主主義
- 人権
- 男女平等
- 差別・いじめ・ハラスメント

○○を通して学ぶ

Learn through

- 参画できる、影響を与えられるような環境づくり
- 安心できる関係づくり
- 違いを財産としてみる
- 多様性を歓迎する

○○のために学ぶ

Learn for

- コミュニケーション能力
- 情報や意見を批判的な目で確認する
- 議論する

れでは、この3つのLearnについて順番に説明していきましょう。

Learn about：○○について学ぶ

一つ目のLearn aboutは子どもたちが知識そのものを得ることを目的としたアプローチです。ここでは「民主主義的価値観」を学ぶわけですので、そもそも民主主義とは何なのか、どういった背景があって重んじられるようになったのか、自分にはどんな権利があって、それは何を意味するのか…など具体的な知識を身に付けるのがこのアプローチの目的です。これらは「主権者教育」や「人権教育」のような特別授業としてではなく、国語で人権に関する文章に触れたり、美術で表現の自由をアートを通して訴えてきた先人について学んだり、数学で男女格差に関する統計データを扱ったり、複数の教科で横断的に取り入れられています。ちょうど近年、日本の学校教育で「カリキュラム・マネジメント」が盛んに取り組まれているとうかがいましたが、同様の取り組みだと思います。この一つ目のLearnは、学校でこれまでも比較的にしっかりとカバーされてきたアプローチではないでしょうか。

Learn through：〇〇を通して学ぶ

二つ目のLearn throughは、実際に民主主義を体感できるような環境・仕掛けをつくることで実現されるアプローチです。子どもたちが自分に関わる決定に参画できる、影響を与えられる環境であり、自分の考えや意見を安心して発信できる環境であり、人の異なる意見と上手く向き合うことを学べる環境のことだと言えます。こうした環境や機会を意図的につくることで、子どもたちが自らの実践を通して学ぶことが目的です。中山先生が、直接教えるのではなく子どもが自ら学べるよう間接的に働きかけるためのギミックを提案されていましたが、まさにそのことと一致する取り組みです。この取り組みは、さらに組織レベル、クラス・グループレベル、個人レベルの3つのレベルに分けて考えることができます。この後、実践例を紹介しますので、ぜひご参照ください。

ちなみに私はこの二つ目のLearn throughこそが民主主義的価値観、ひいてはそれに必要となる非認知能力を育むうえで要になるアプローチではないかと思っています。

【組織レベル】

代表的な例としては、生徒会やその他の縦割り活動があげられます。また、徳留先生の実践例にあった生徒会×株式会社リクルートとの取り組みや、学校まるごとミーティングもまさに組織レベルのLearn throughだと思います。

小・中 6〜15歳

例1　基礎学校に勤めていた時、給食に不満の声があがっていた。そこでケータリング会社と質疑応答を含めた意見交換会の機会を設けることにした。小学校1年生から中学校3年生まで各クラスの学級会で話し合い、事前に質問を用意。なぜサラダバーの種類がしばらく同じなのか、という質問に対してスウェーデンでは冬の間に生産できる野菜が限られるが、それを輸入品で補うのには環境への負担が大きするため、という回答があった。ピザが食べたいという要望に対しては栄養的な観点や美味しい状態で搬送できないという説明がなされた。

子どもたちの不満に対して学校なりの回答をすることや、ケータリング会社とメールでやり取りし回答を伝えることもできるのですが、もっと子どもたちの意見を真剣に受け止めていることを示したいという気持ちで、顔を合わせての意見交換会という形を選びました。また、質問を用意してもらうことで、不満をもって要望を伝えるのには責任が伴うことを感じてほしいと考えていました。なぜ不満で、どう変えてほしいのか、そこにどんな正当性があるのか、相手がわかるように伝えるには準備が必要です。当日はやや緊張した面持ちの子どもたちが、「私たちの食べたいものに合わせることで残飯が減り、環境への負担を減らせるうえに、きちんと食べることで午後の授業への活力につながるのでは？」と食い下がるような場面も見られました。

小・中
6〜15歳

例2　基礎学校では1〜9年生全クラスから2人ずつ代表を選び、いじめ等を予防するためのグループを組織していた。活動の一環として、安心のための散策というのがあった。

校内や校庭を歩きながら、「ここは嫌な場所だなぁとか、あまりいたくない場所だなぁとかある？」と聞いていく。これによって、ケンカの起きやすい場所や休み時間に先生たちが見守るべき場所がわかってくる。また物理的な場所だけでなく、シチュエーションによって心的安全度が変わることも考慮しなくてはならない。よく心的安全が脅かされやすいと言われているのは、トイレや教室移動時、休み時間など。

　このグループの活動は他にもあり、縦割り活動としてウォークラリーを企画したことがありました。いじめにつながりそうな問題や大きなケンカがあった場合には、グループの活動を引っ張る代表の先生が関わった子どもたちと会い仲裁、更にフォローアップをするという役割を担っていました。

幼児 1～5歳　小・中 6～15歳

例3 就学前学校、基礎学校ともに共通して取り入れられているものにBarnkonsekvensanalys（バーンコンセクヴェンスアナリース。直訳すると子ども影響分析。次ページの翻訳した表を参照）がある。子どもたちに影響をもたらすような組織的な決定や外環境の変化に際して、子どもたちに与えるであろう影響を事前に分析、対策する。子どもたちの立場や観点に配慮した決定にすることが目的である。

使用される具体的な例として、大きな人事異動を行う際、校則を変える際、コロナなどで通常通りの業務ができなくなる場合、などがあります。子どもたちに直接意見が聞ける場合はそれが一番良いのですが、子どもの年齢によっては自分で自分の立場を擁護することができません。だからこそ、このようなフォーマットを使い子どもの視点から見た時、この変化は何を意味するのか、変化が避けられないのであれば、どうすれば子どもたちがス

子どもが受ける影響のリスク分析・チェックリスト

どのような形で（直接的、間接的に）子どもたちは影響を受けますか？

検討中の決定は:

□ 子どもたちにとっての最善を最優先した。

具体的にどのように子どもたちにとっての最善を最優先しましたか？

□ 子どもたちの健康、発達ニーズ、安全に配慮した 。

具体的にどのように子どもの健康、発達ニーズ、安全に配慮しましたか？

□ 特別支援の必要な子どものニーズに配慮した。

具体的にどのように特別支援の必要な子どものニーズに配慮しましたか？

子どもたち自身の意見を取り入れることができましたか？

□ はい　　□ いいえ

はいの場合はどのように取り入れたのか、いいえの場合はその理由を書いてください。

ムーズに変化を乗り越えられるか、について考えます。想定される不安を取り除く、和らげるということでも予防のアプローチをとります。大人の思う子どもたちにとっての最善は、子どもの思うそれと必ずしも同じでないことを忘れないようにしたいですね。

【クラス・グループレベル】

第Ⅵ章の徳留先生の例にあったようなクラス・マネジメントや授業づくりにおいてこうしたアプローチが実践されます。

幼児 1〜5歳

例1　就学前学校で1・2歳児クラスの教室のフロアマットを張り替えることになった。

候補になっていた色のサンプルを子どもたちに見せて、それぞれの色を観察した。子どもたちはサンプルのマットを触ったり眺めたりした。サンプルの色に似たおもちゃを持ってきてサンプルに重ねてみる子もいた。「嬉しい色」、「雲の色」、「家と同じ色」などたくさんの言葉で表現してくれた。投票で選ばれた色への張り替えが決まった。もちろんまだ話すことのできない子どもたちもいたため、その子たちの票は一番たくさん楽しそうに遊んでいた色に決まった。

小・中 6〜15歳

例2 授業中に騒がしいことが問題になっているクラスがあった。先生は「どうしてうるさくなってしまうの？」「どんな環境で学習したい？」という質問を投げかけた。繰り返し出てきた意見のひとつに「わからないところがあって何度も先生を呼んでいるのに来てくれないから、ついおしゃべりを始めてしまう」というものがあった。そこで先生は二つの紙コップを用意。一つを緑に、もう一つを赤に塗るよう伝えた。二つのコップを重ねて机に置き、わからないところがある時だけ赤のコップを外側にするように指示した。すると、何度も先生を呼んだり、手を挙げたままでいる必要がなくなった。授業前には「○ペ

一つの紙コップを用意。一つを緑に、一つを赤に塗った。

ージを開く。問題○を解く。終わったらA、B、Cの中でやりたいものに取り組む」と最初から指示を書いておくことで自分のペースで進められるようにした。（第Ⅴ章の徳留先生の例にも似たギミックがありましたね。）

ここでは「別にうるさいと思わない」という意見がでてきたのが貴重でした。自分が課題に取り組むにはどれくらいの静かさが必要かというのはひとによって違うことに気づく機会になったのです。静かさのレベルを三つに分け、一番静かなレベルでないと集中できない子には防音保護具としてイヤーマフを使えるようにしました。

例3　放課後支援（日本では放課後児童クラブ）には、一目で今日はどんなアクティビティから選べるのかわかる仕掛けがあった。子どもたちはどこに行って何をしてあそびたいかを、自分の名前のついた磁石をおくことで選ぶ。以前は自分で選ぶのではなく、グループごとにローテーションしていたが、子どもたちの自分で選びたい、他のグループの子ともあそびたいという声を受けて作られた。

【個人レベル】

子どもたちとの日常のやり取りの中で達成されます。どのようにすれば子どもたちの考えや意見を引き出せるのか、それにどう応えるのかを意識します。

小・中
6〜15歳

例1　ある日9年生（中学3年生）が数人オフィスに訪ねてきて、なぜ食堂のオリーブオイルはオーガニックでないのかと質問された。授業で学んだことを根拠にオリーブオイルをオーガニックのものに変えてほしいという希望だった。彼らの言い分には納得できたし、次の日にオーガニックオリーブオイルを買って持って行った。「あなたたちの考えはちゃんと伝わったよ」という私なりの返事だった。

1年後の卒業式、代表の子のスピーチで「あの時はありがとう」と言ってくれました。私なりの返事はきちんと届いていたのかと、とても感慨深かったです。彼らにとって自分の環境に影響を与えられたという成功体験になっていればと思います。

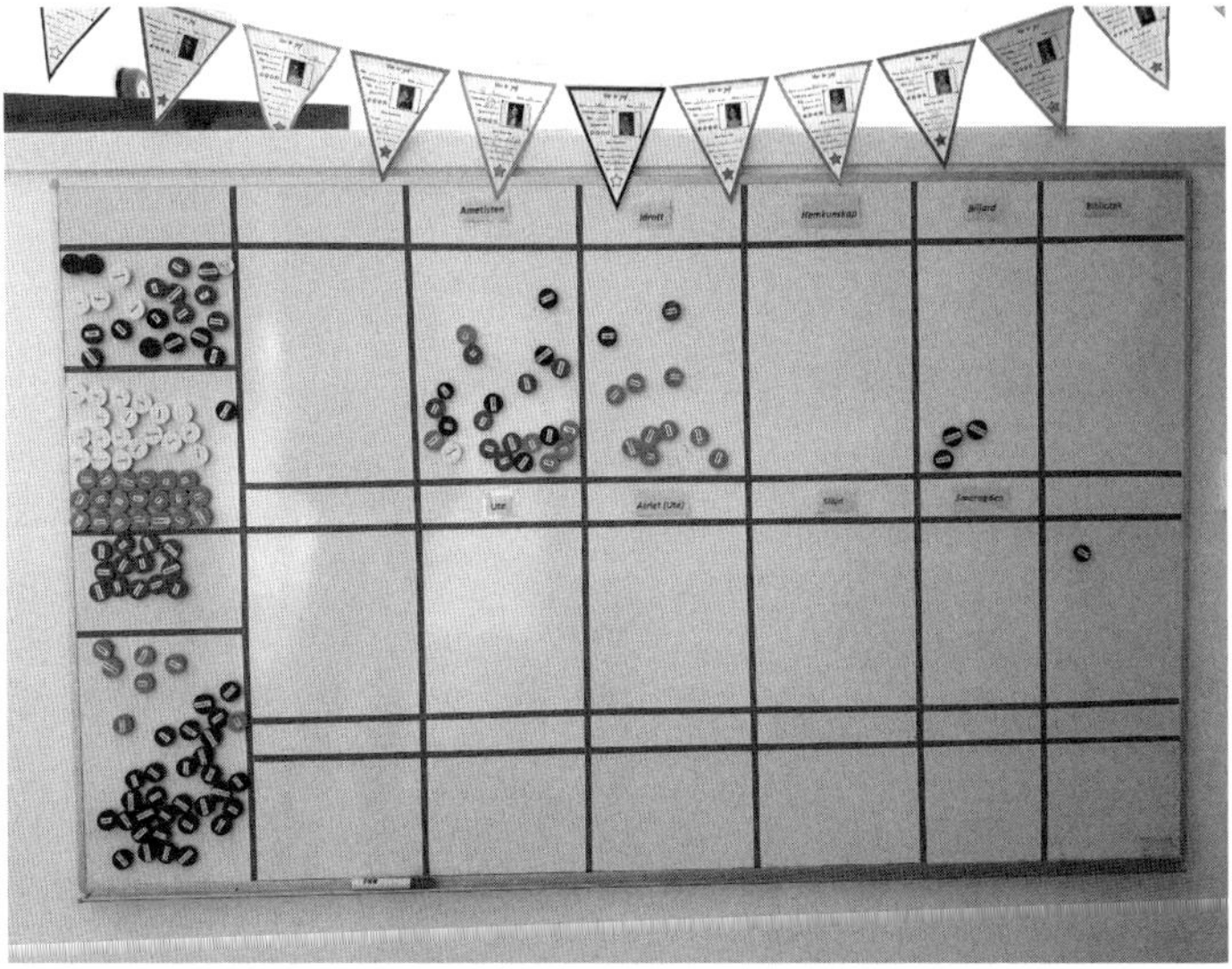

放課後支援のアクティビティボード。どの部屋であそびたいか自分で選ぶ。子どもたちは自分の名前が書いてある磁石をあそびたい部屋のところに移動させる。

小・中
6〜15歳

例2

毎日寝坊してくる8年生（中学2年生）の子がいた。話をしてみると家庭の事情で夜眠れずにいることがわかった。そこで一時的な対処として2週間、1時間遅れてくる代わりに1時間私のオフィスで居残りすることになった。結果1カ月後には通常通り授業に出席できるようになった。

2週間という期間も、居残りの時間も本人に決めてもらいました。どんなサポートが必要か言葉にして、決定事項に反映させることで、自分の決定として責任感を持ってもらいたかったからです。遅刻してくる＝怠けていると決めつけずに、理由を聞いたことで生徒と信頼関係を築けたように思います。

幼児
1〜5歳

例3

こんなやり取りがあった。

子ども「〇〇先生は誰のお母さんなの？」

先生「誰のお母さんでもないよ」
子ども「じゃあ誰と住んでいるの？」
先生「ひとりで住んでるよ」
子ども「どうして子どもがいないの？」
先生「結婚する人もいるし、しない人もいるよ。結婚していても子どもがいない人もいるし、結婚していなくて子どもがいる人もいるの。お母さんがいないおうちもあるし、お母さんが二人いるおうちもある。お父さんとお母さんが違う家に住んでいることもあるんだよ。」
別の子ども「うちがそうだよ！　今週はお父さんの家！」
また別の子ども「私はお母さんとおばあちゃんが私の家族だよ。」
この会話では、家族の在り方の多様性について触れていますね。物事の多様性を知り、「異」を恐れずむしろ歓迎する、これは他の非認知能力のように知識として教えることが困難です。このようなふとした会話の中に出てくる学びのチャンスを上手く拾うことが大切ですね。

Learn for：○○のために学ぶ

最後のLearn forは、民主主義社会に参画するために必要なスキルを得ることを意味しています。自分の考えを他人に伝わるように言語化する力であったり、相手の立場に立って共感したりする心のことでもありますし、情報を取捨選択し、自分にとって最適な決断をする力だったりします。幼児で言えば、お友達と一緒に遊ぶこともそのひとつです。中山先生のおっしゃる「他者とつながる力」を中心をしたアプローチと言えるでしょう。

幼児 1〜5歳

• 新しいお友達ばかりで始まった新学期。先生たちは「良い友達って？」というテーマを選んだ。まずは1冊の本を紹介した。この本では、休み時間何をするか、誰が一緒に遊んでいいかなど、なんでも決めたがるグループが登場する。サッカーをする時に「お前たちは入っちゃダメだ」と言ったり、「今からブランコは自分たちが使う」と言ったり。この本を基に次のような質問をした。

a 「決めたがりの子たちは、どんなことを決めている？ その時にはどんな言葉を使っている？」

b「仲間に入れてもらえないとどんな気持ちになる？」

c「強い口調ってどんな口調？　強い口調で何か言われたらどんな気持ちになる？」

始まりはテーマ名だけだった真っさらな壁（次ページの写真1）も、みんなの考えや気持ちを先生が書き取ることで埋まっていく。（写真2）その後も良い友達になるために必要なことを考えていく。この例では「思いやり」や「シェアすること」、「助け合い」「協力」「（自分や相手の）気持ち（を理解する）」といったワードがでてきた。（写真3、4）それぞれの言葉が何を意味するのかについても話し合われた。

本には子どもたちの多くが経験したことであろう状況が出てきます。「強い口調で言われたらどんな気持ちになる？」に対して「お腹に塊ができたみたいになる」「心が痛くなって、悲しくなる」と言った意見が出てきました。経過を記録し掲示することで、どのようにテーマが広がっていったのか、どんな学びがあったのか、明確になると思います。

以上が3つのLearnを使ったアプローチです。今実践されていることを洗い出し、それ

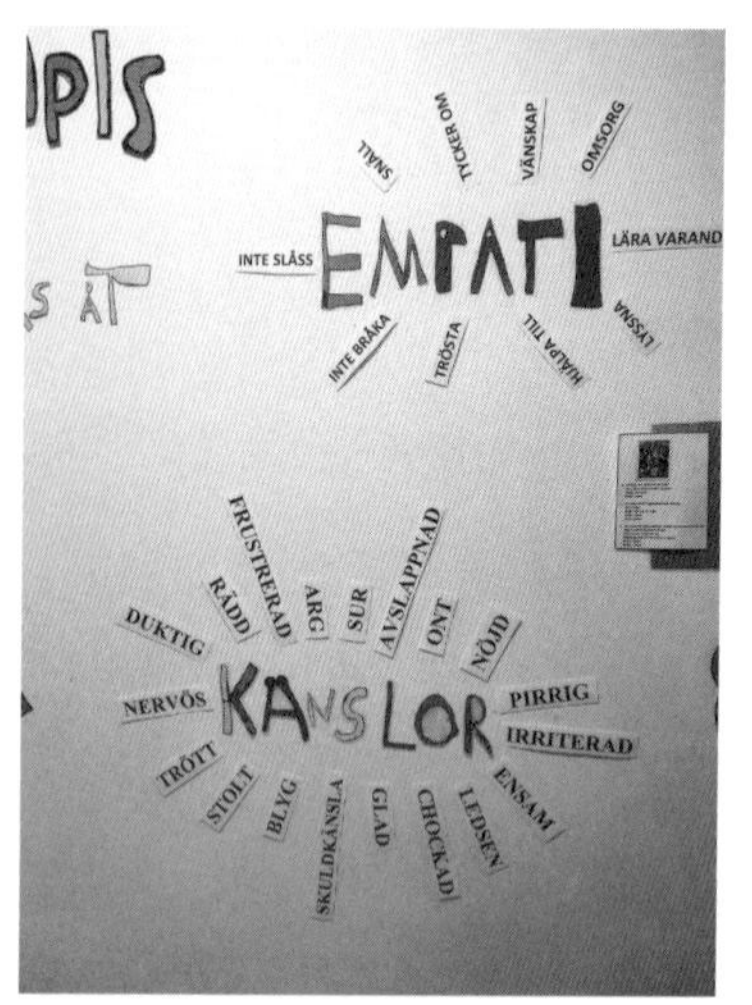

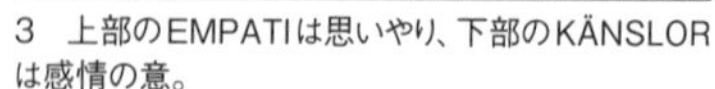
3　上部のEMPATIは思いやり、下部のKÄNSLORは感情の意。

1　プロジェクト開始時。

4　左のSAMARBETAは協力する、右のHJÄLPAS ÅTは助け合う、下のDELA MED SIGはシェアすることの意。

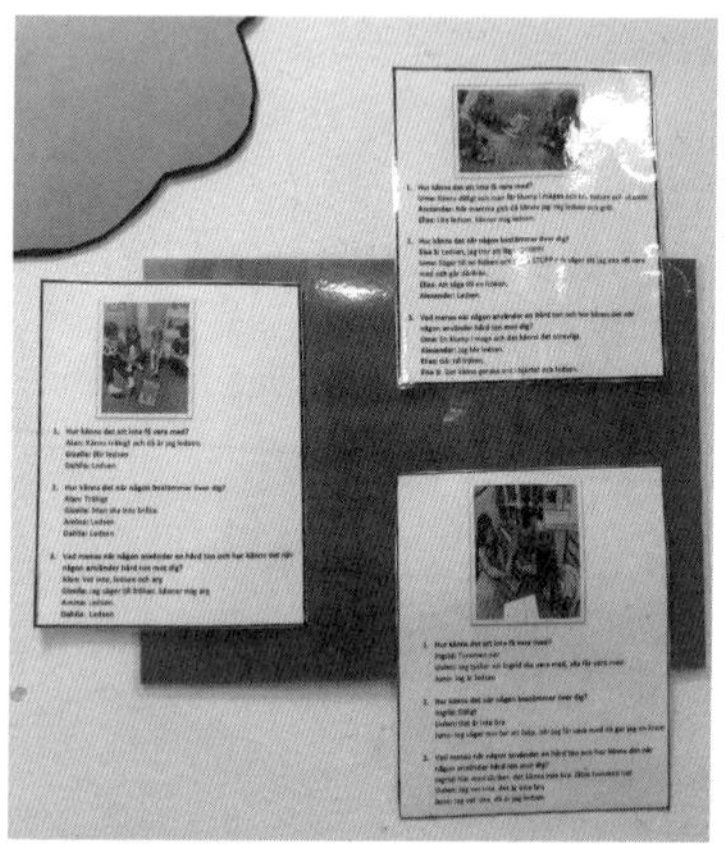

2　先生の質問に対する子どもたちの答え。

を3つのLearnのどれに当てはまるか振り分けてみるのはいかがでしょうか。そうすると、このアプローチはしっかりできているな、とかもっとこういうアプローチを取り入れたいなとか見えてくるものがあるかもしれません。

非認知能力のように比較的抽象的なものを育むことは、短期集中の特別授業では達成できません。その点、Learn throughのアプローチは継続的かつ意識的に行われ、更にはLearn forにあるスキルを身に付けられるので、尚更重要視したいアプローチです。

Accessible（アクセシブル）な教育とは

これまで、中山先生と徳留先生のお話の中で、ギミックや環境の役割とその大切さができました。それらは子どもたちが主体的に学びに向かうためのものでした。このギミックや環境こそLearn throughのひとつと言えます。

スウェーデンでは、学びのための前提条件として必要な環境を理解するために「アクセシビリティモデル」というモデルが紹介されています。最大限の学びと成長を可能とするためには、社会的環境、物的環境、教育的環境の3つがいかに相互作用する必要があるかを表しており、教育が子どもたちにいかにAccessibleであるかを評価するためのツールと

アクセシビリティモデル

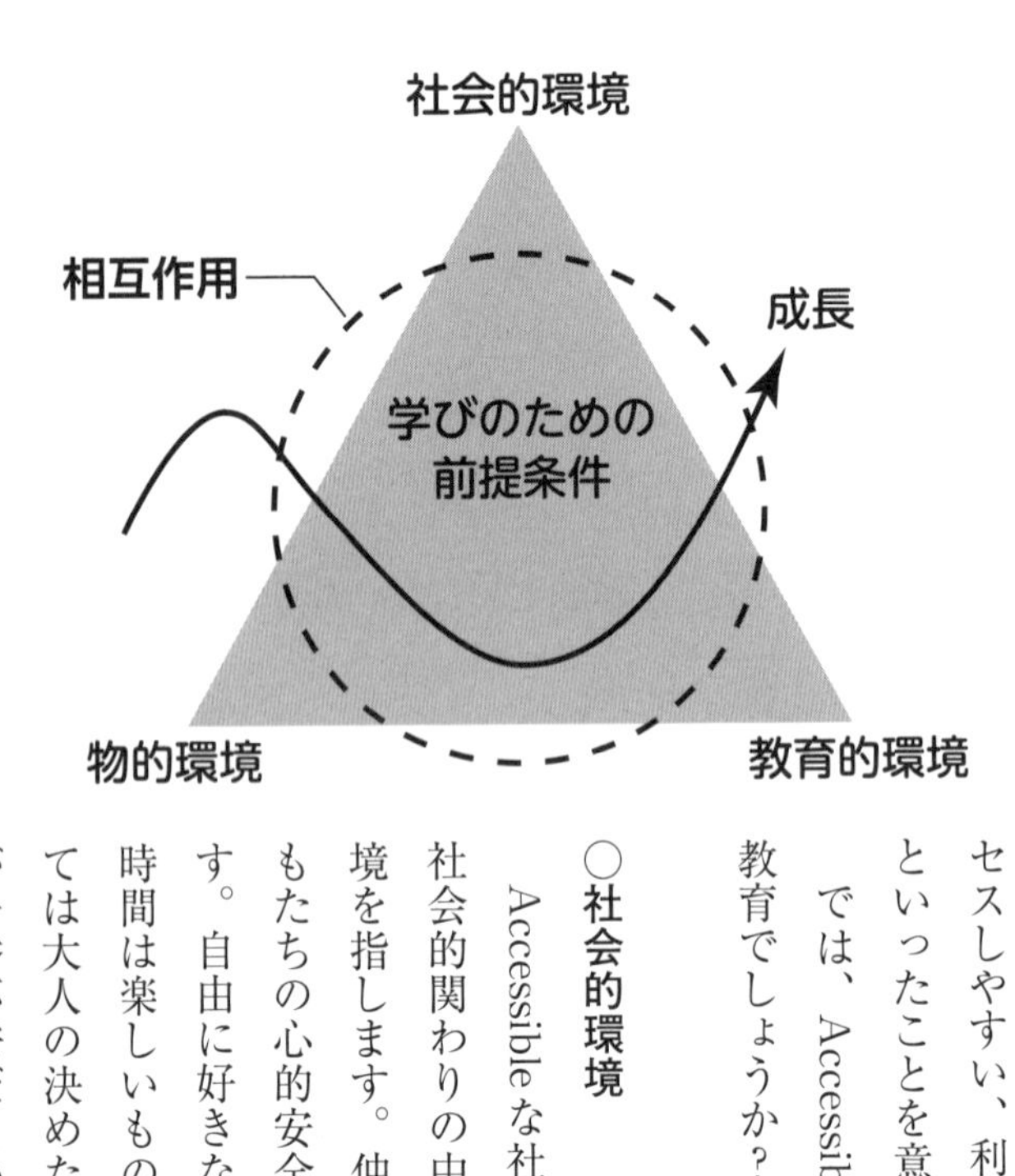

して使われます。Accessibleとは「アクセスしやすい、利用しやすい、得やすい」といったことを意味します。

では、Accessibleな教育とは、どんな教育でしょうか？

○社会的環境

Accessibleな社会的環境とは、誰もが社会的関わりの中に参画できるような環境を指します。仲間意識、帰属感は子どもたちの心的安全にとってとても大切です。自由に好きなことをして遊べる休み時間は楽しいものですが、子どもによっては大人の決めた枠組みのない休み時間が一番不安だという子もいます。それ以外にも廊下や更衣室は心的安全が脅かされやすい場所です。このように場所や時間によって、子どもたちが不安に感じやすい場面があります。

今日は一日どんなことをするのか、自分にはどんな選択肢があるのか、何をして良いのか・いけないのか、を明確にして伝えることは社会的環境にとっても重要です。授業においても、グループ分けでは誰と一緒なのかやどこに座るのかがきちんと決められていると、仲間に入れてもらえないんじゃないかと不安にならずに済みます。遊びも、その遊びがどんなルールで成り立っているのか、自分はどんな役を担えばいいのか、理解できなければ参画できません。遊びという自由な空間だからこそ、大人のサポートが大きな意味を持ちます。子どもたちの年齢や成熟度を考慮した枠組みの決め方が大切だと思います。

スウェーデンでは「当たり前」について批判的に考えることが重要視されています。〇歳の子はこうだ、女の子はこういうものだ、男の子はこうしがちだ、この国から来た子はこういう考えをする、そういった固定観念が子どもに何を期待するか、どんな機会を与えるかに大きく影響するからです。

同じくらいうるさくても「男の子はわんぱくなものだ、元気すぎるくらいがいい」という考えがあれば男の子は叱られない、といったように自分の思い込みや当たり前が学びに必要な社会的環境を作り出す上で邪魔になっていないか、気を付けなければなりません。

クラスの子どもが45分間じっとしていられないという「問題」は、子どもは皆、45分くらいじっとできて当たり前、できなくてはならない、という考えに成り立っています。本当にできなければならないのか？　できない子が一方的に悪いのか？　といったように当たり前になっていることを言葉にし、本当にそうなのか疑問を持ち、自分がその当たり前をもつきっかけとなった体験をふりかえることが必要だと言われています。

45分という時間の長さが問題だと考えれば20分たったら5分の運動を取り入れようと考えられますし、じっとしていられなかった子は指示がわからなかったのだと考えれば次はもっとステップを細かくして説明しようと改善できます。何を問題とするかによって解決の幅が広がるということですね。

○教育的環境

スウェーデンの学校基本法や学習指導要領は社会文化理論に影響を受けており、ひとは他とのやり取り、そして環境との相互作用の中で学ぶと考えています。

そのためには、社会的環境であったように心理的安全の確保が欠かせません。子どもたちが自分の学ぶ力に自信をもち、自分の意見が言える、学びに主体的である、そんな環境のことです。

授業をAccessibleにするには、異なる子どもたちのニーズに対して最適化させなければならないのですが、それには様々な学習スタイルへの理解や学びへの参画度を上げる方法を知る必要があります。

学びをサポートする授業の構成には、

- 必要な時間を与える
- 絵などを使った指示の視覚化
- 具体的、または複数のコミュニケーション方法を与える
- インスピレーションとなる室内、屋外環境
- 形成的フィードバック（形成的評価）

といったものが含まれます。

必要な時間はひとそれぞれ違うので、ひとつの課題が終わったら次何をするのか明確であることが大切ですね。徳留先生の例のようにあらかじめ指示を録画しておくと子どもたちが自分で必要な時に再生して何度でも見ることができます。前述しましたが、課題をステップに分けて説明することで、何から始めたらいいのか、取り掛かりやすくなります。

①教科書27ページを開く
②最初の段落を読む
③問1から3に挑戦する
④まだ時間があれば28ページに進むあるいは読書

というようにです。

私の勧めている学校では朝外で遊んでから、サークルタイム、そしてフルーツを食べる流れなのですが、アクティビティカード（次ページ上のイラスト参照）を見せ子どもたちに今はこれをしていて、その後何をするのかを伝えます。

片づけの時間になってもなかなか遊びをやめてくれない、そんな時もありますよね。砂時計と給食の時間の絵を見せて、「この後、給食を食べるからこの砂が全部落ちたら、お片付けしようね。」や「音楽を使って、この曲が流れ終わったらお片付けしようね。」という

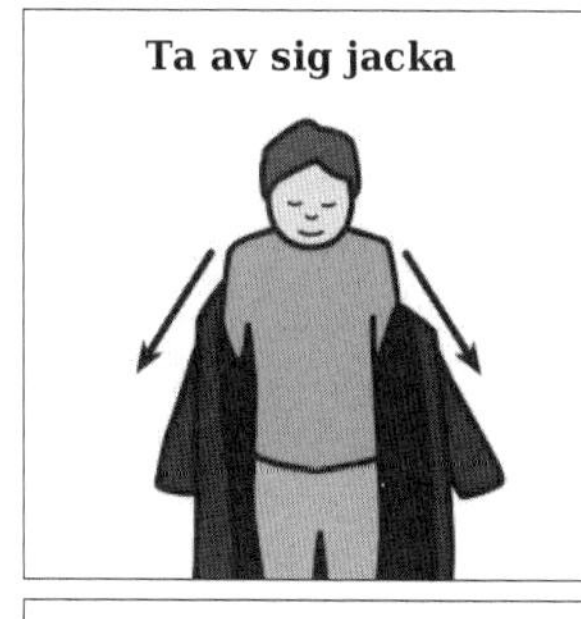

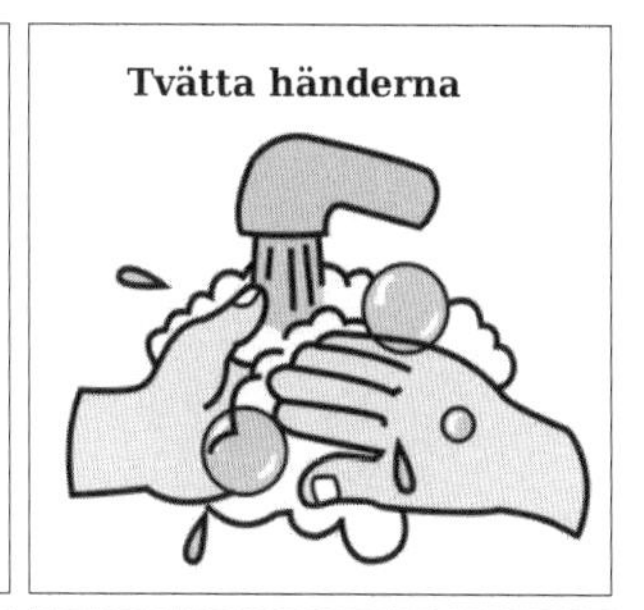

アクティビティカードの一部。

Pictograms author: Sergio Palao. Origin: ARASAAC (http://www.arasaac.org).
License: CC (BY-NC-SA). Owner: Government of Aragon (Spain)

残り時間の部分が赤く示される時計。 Images courtesy of Time Timer

声がけで遊びを切り上げる手助けができます。

また、学校では残り時間が赤くなるようになっている時計（183ページ下の写真参照）やそのアプリ版を使うことがあります。幼稚園児でも、小学生でも時間の感覚を掴むのは簡単なことではありません。視覚的なサポートはとても有効です。

○物的環境

子どもたちが学ぶための異なるニーズに応えるサポートをするのが、環境づくりです。学びを支える環境は5つの機能を含んでいると言われています。これは5つの機能が一つの部屋にある場合もあれば、複数の部屋に散らばって実現されることもあります。

- プレゼンテーション（発表する場所）
- プロダクション（作成、創造、遊び、実験、音楽、劇、実験など）
- インターアクション（交流、対話、協力、他者理解、問題解決、グループワークなど）
- レフレクション（グループでのふりかえりや個人のふりかえりが邪魔されずにできること）

●レクリエーション（休息、回復、軽食、自然の中過ごす時間）

子どもたちがこれらの機能をもつ環境にアクセスできるようになっているか考えてみるのもいいかもしれません。学校にそういった環境はあるけれど、子どもたちは自由に使えない、といったこともあるのではないでしょうか。

子どもたちが自由に移動でき、必要なものを取ることができる、といった自分のことが自分でできる工夫が「物的アクセシビリティ」を高めることになります。

例えば子どもたちが自分で飲み物を注げるように、少し小さめの容器に入れ替えたり、自分でテーブルを拭けるように台拭きを小さくカットしたりすることができますね。ものを置く場所を子どもたちの高さに合わせたり、使ったら自分で元の場所に戻せるように、そこに置くものの写真を張っておくというのも工夫のひとつです。

子どもたちが体験を通して得た理解や認識は当たり前ですが千差万別ですので、それ故その表現方法も千差万別であるのはごく自然なことでしょう。例えば、雨が降る中レインコートを着て遊んだ体験について、言葉で表現することに一番しっくりくる子もいれば、絵を描いて表現することに一番しっくり感じる子もいるということです。濡れて教室に帰ってきた子どもたちを集めてまずは色々聞いてみます。「雨の中遊ぶのはどうだった?」「どんな音がした?」「雨はどんな色だった?」「雨はどこから来たのかな?」「雨はどこに行くのかな?」色んな考えを聞いたあとで「雨を好きなように表現しよう」というお題を出したとしましょう。

- あらかじめ色んな絵具や紙が用意してある場所
- 雨音のＢＧＭが流れている場所

- 積み木や枝、小石のある場所
- 粘土のある場所

などいくつかのステーションを作ります。

多くの表現方法が可能な場所を用意することで、子どもたちが自分に一番しっくりくる方法で自分が得た体験を表現・再現することができます。表現するというプロセスの中で気づきが生まれ、学びが認識されていきます。雨はこんな音だったなぁ、と音に合わせて踊ってみたり、雨は水の粒がこんな風に動いてたなと小石を並べてみたり、水たまりはこんな風にはねていたなぁと粘土を捏ねてみたり……絵を描くといった二次元の表現が苦手な子が立体的な創作だと夢中になって表現できるということもあります。

このように、課題に取り組む方法をいくつか用意しておくことで、より多くの子どもが自分に合った形で参画できるようになります。どんなステーションにするのか、どう机や椅子を配置するのか……工夫が子どもたちにとって、課題に取り組むためのとっかかりになったり、子ども間のやり取り（会話や協力）の質や量に影響を与えたりします。これがまさに社会的環境、物的環境、教育的環境の相互作用ですね。

正解のない問いは非認知能力で答える問い

章の最後にいきなりですが、RADWIMPSさんの『正解』という曲の歌詞にこんなフレーズがあります。

あぁ　答えがある問いばかりを　教わってきたよ　そのせいだろうか
僕たちが知りたかったのは　いつも正解などまだ銀河にもない
一番大切な君と　仲直りの仕方
大好きなあの子の　心の振り向かせ方
なに一つ見えない　僕らの未来だから
答えがすでにある　問いなんかに用などはない

あぁ　答えがある問いばかりを　教わってきたよ　そのせいだろうか
僕たちが知りたかったのは　いつも正解など大人も知らない

喜びが溢れて止まらない　夜の眠り方
悔しさで滲んだ　心の傷の治し方
傷ついた友の　励まし方

私は、答えがある問いを認知能力で答えるものとするなら、答えのない（絶対的正解のない）問いは非認知能力で答える問いのように感じます。

答えのない問いだから答えは教えてあげられないけど、答えがない問いがあることを知り（Learn about）、自分なりの答えを求められる機会を重ね（Learn through）、自分なりの答えを表現し、伝える力を培う（Learn for）ということではないかと、つい3つのLearnと重ねてしまいました。そして、学校がそんな場所でなくてはならないと思うんです。

仲直りの仕方に唯一の正解はないけれど、「ごめんね」を伝える色々な方法を試して、ダメな時は大人が手助けしてくれて、自分の気持ちの伝え方やひとの気持ちへのリスペクトの仕方を学んでいく。それはきっとこれまでも学校が当たり前にしてきたことですし、それが国語や算数を教えるのと同じくらい大切なミッションであることを意識していきたいですよね。

3

3つのLearnは認知能力と非認知能力を一体的に育成する

麻衣さんが、私の提案している教育実践ステップとスウェーデンの教育が似ていると言ってくださった意味がとてもよくわかりました。特に、今回紹介してくださった3つのLearnは、私もぜひ活用していきたいと思いました。何の知識について学ぶのか、どんな体験を通して学ぶのか、学ぶために必要なスキルは何か……私たちが何よりも強調したい「認知能力と非認知能力を一体的に育成する取り組み」そのもののように感じました。スウェーデンの教育現場では、この3つのLearnを意識して日常的に教育実践をされているんですね。

また、紹介してくださった中には、日本の教育現場の先生たちも実践されているような事例がありました。国境を越えて、子どもが主体、子どもたちと先生が共同体、といった実践事例を知ると嬉しくなってきますね！　あとは、日本の先生たちの中で、今回のような実践ができる先生たちをもっともっと増やしていくことが大事ですね。そうすれば、第

Ⅰ章冒頭に登場したストックホルムの老教授の前でも「もちろん、日本の教育も認知能力と非認知能力はコインの両面でやってまっせ！」と言えるようになることでしょう。

ここで少し第Ⅵ章をふりかえりますが、Ⅵ章では麻衣さんからスウェーデンでの校則のあり方に始まり、誰もが学びやすい物的、教育的、社会的環境のあり方について紹介していただきました。校則は、現在日本の学校現場でもよく問題視されていることですが、個人的な見解としてはこの件はスウェーデンの方が日本よりもはるかに先に進んでいると思いました。校則をベースにクラスルールは話し合いの中で具体化、そこには集団の成熟度に合わせてルールも変えていくという柔軟さまでありました。日本の学校の校則もこうなっていけばよいのにな……と思わせる、まさに学校内での民主主義の体現、そして「子どもファースト」の考え方の体現であったと思います。

そして、本章のアクセシビリティモデルによるユニバーサルデザインについてですが、これもまた校則について同様に「子どもファースト」の考え方の体現であったように思えてなりません。すべての子どもが学びやすくするために、3つの観点から働きかけ、3つの観点によって現状把握と改善を進めていく、もちろんそれぞれの相互作用もつくり出しながら……という方法も大変参考になりました。ちなみに、日本でアクセシビリティは障がいのある子どものためのユニバーサルデザインに導入されることがよくありますが、スウェーデンでは障がいのあるなしにかかわらず、まさにインクルーシブな取り組みとして進められているのですね。

子どもたちの非認知能力は、（広義の）環境の中で育まれていきます。だからこそ、私たち大人は、子どもたちのためにより最善な環境をつくっていきたいわけです。しかしながら、どうでしょうか？「子どもファースト」「子どもを真ん中に」などと言っておきながら、本当にそうなっているといえるでしょうか？どこか特別な学校だけができていて、その学校がやたらと注目されている状況に甘んじたくはないものです。どこの学校も、そして社会全体も「子どもファースト」へと切り替わっていくために必要なことは、何よりも大人たちのアップデートではないだろうかと麻衣さんのお話から考えさせられてしまいました。もちろん、すぐにできることではないですが、本書が大人たちのアップデートに少しでも役に立てれば嬉しいです。

そして、麻衣さんはスウェーデン在住ですが、章の最後がRADWIMPSさんの歌詞で締めくくられていて驚きました！あっ、これもスウェーデン在住の麻衣さんは、日本の歌よりもスウェーデンやヨーロッパの歌の方が詳しいはずという「思い込み」ですね。思い込みから抜け出して、当たり前になっていることを批判的に考えねば……でした！

最後になりましたが、麻衣さんも文中で指摘されていた通り、日本で進めているカリキュラム・マネジメントを「絵に描いた餅」にしないためにも、スウェーデンの実践事例は大いに学ぶことがあるのではないかと思います。この点について、日本の教育現場においてどうあったらよいと宏紀さんは思いますか？

4 子どもたちの生きる力を育むカリキュラム・マネジメント

徳留宏紀

私が教育現場で学校改革の推進リーダーをしていた頃は、子どもたちへのアプローチの前に、教員たちのチームビルディングに力を注ぎました。教員一人ひとりが、自分の持てる力を100％発揮できる環境があれば、教員間での協働が生まれ、教科や学年の枠を取り払った学びが可能になるのではないかと思っていました。そこでの取り組みが、教員間での心理的安全性の担保をベースとした組織マネジメントです。

第Ⅵ章で詳しく述べましたが、チームとしてめざしていく方向性の共通認識、教育観や価値観を共有する対話型のワークショップの実施、教員間の関係性が深まる職員室の配置転換などです。この取り組みを進めていく中で、先生方がどんどん生き生きしてきて、「今度授業でこんなことをしてみようと思うのだけど、どう思う?」「こんな取り組みするから、一緒にやりませんか?」などの声が聞こえてくるようになりました。

そのとき、実際に行われた授業を紹介します。それは「ウクレレ」を通じた4教科での学びです。まず、技術科の時間で、ウクレレの本体を釘や金槌を使って作成します。その後、美術科の時間に、オリジナルウクレレにするために色を付けていき、それと並行して、社会科の時間に、ウクレレやハワイの歴史について学びます。そして最後に、音楽科の時間で、ウクレレをみんなで演奏し、音色を楽しみました。まさに麻衣さんがおっしゃる、教科間のコラボレーションが、子どもたちにとってワクワクする学びを生み出した一例になるのではないかと思います。

また、子どもたちと様々な学びを進めていく中で、学校協議会で取り組みを発表させていただく機会がありました。その当時は、GIGAスクール構想よりも前の時期で、一人一台タブレット端末の導入環境なんてもってのほか、教師用のiPadが5台あるだけの状況でした。そんな中、今までの子どもたちとの実践をお伝えし、ICT端末があればよりよい学びが創り出せることなどをお話しました。

するとと、想いに共感してくださった学校協議会の委員の方を筆頭に、地域の有志メンバーの方々がお金を出し合い、iPad10台を学校に寄付してくださいました。地域に向けて積極的に学校での実践を発信することで、どんなことが学校で行われているのか、さらにはどんな想いで行っているのかを伝えたことが、学校だけでなく、地域も一緒になって子どもたちの成長を支えていく、地域から応援される学校へとなっていった要因だと感じています。今、振り返っても本当に地域の方々への感謝の思いは尽きません。学校の発展に多大なサポートをしてくださったことはもちろんですが、右も左もわからないまま社会人になった私をかわいがり、人として成長させてくださったことは、私に「生きる力」を育んでくださったといっても過言ではありません。

「社会に開かれた教育過程」と言葉だけだと難しく聞こえるかもしれませんが、全教職員が持ち味を活かしながら、わが校の教育課程、教育目標を全教職員が語れる学校でこそ、カリキュラム・マネジメントが「絵に描いた餅」で終わることなく、子どもたちに生きる力を育んでいくことができると心から思っています。

これらがまさに、文部科学省が提唱する、子どもたちに「生きる力」（非認知能力）を育むために、教育課程を軸に学校の教育活動の質の向上を図っていく「カリキュラム・マネジメント」に繋がってくるのではないでしょうか。

第Ⅷ章

スウェーデンのPBL計画書

—子どもたちの興味に寄り添う—

1

就学前教育現場のさらに具体的な実践事例が知りたい！

中山芳一

この章では前章のスウェーデンの教育実践「3つのLearn」に続いて、麻衣さんにスウェーデンの教育現場の実践事例をさらに具体的に紹介していただきたいと思います。麻衣さんの現在の教育現場が日本においての「就学前教育の現場」にあたると思いますので、ぜひそちらの実践事例を紹介していただきたいです。それでは、麻衣さん、お願いします。

2

スウェーデンのPBL（プロジェクト・ベースト・ラーニング）

田中麻衣

テーマを背景として新しい知識や技能のインプットをサポート

はい！　それでは、ここからはスウェーデンで行われている実践例を更に紹介していきたいと思います。

突然ですが、目の前にコップ一杯の水があると想像してください。コップ一杯の水を見て、「これは科学だな」とか「これは歴史だな」と考える人は少ないと思います。教科は、子どもたちが学ぶべき知識や技能を教育的観点から体系的に教えるために作られたものだからです。国語では『モチモチの木』を読み、理科では朝顔のたねを植え、算数では割算をする。私の経験した学校生活は、こうして教科間に共通点のない状態で並行して学ぶというものでした。目の前のコップ一杯の水を、教科ごとの眼鏡を通して見るということは出発点を教科に置かず、テーマに置くということです。そのテーマがすべての教科において共通の背景として活きてきます。

「水」に関する本を読み、「水」に関連する語彙を学べばそれは国語になるでしょう。リトマス紙を使って色んな液体の性質を調べれば、それは理科でしょう。学校にある水を色々探していく中で消火栓ホースを見つけて、消防について学べば社会。コップに異なる量の水を入れて音を鳴らすなら音楽？……など「水」ひとつでどんな教科でも結び付けられる気がしてきます。

ここで「ん？　水に関する用語には理科で出てくるものもあるから、国語でなく理科なのでは？」と思われた方もいるのではないでしょうか。たしかに、語彙を学ぶからと言って国語とは限りませんよね。教え手が子どもに何を学んでほしいと思うかによって、あるいはどの単元の学習目標に合わせるかによって教科が変わることになります。テーマを背景として新しい知識や技能のインプットをサポートする、私がスウェーデンの教育から最も影響を受けたと言っても過言ではない考え方です。

それで登場するのが、前章のカリキュラム・マネジメントであり、近年日本の学校教育で取り組まれている総合的な学習や総合的な探究といったプロジェクト・ベースト・ラーニング（以下、ＰＢＬ）です。それでは私がスウェーデンの就学前学校で実際に使用しているＰＢＬ計画書（次ページ参照）を使いながら、具体例を見ていきましょう。

スウェーデンの就学前学校のＰＢＬ

①目的について

ここでの出発点は、子どもたちのあそび方や興味の対象を見ることから始まります。子どもたちの自由なあそびに寄り添い、子どもたちの会話を聞いたり、一緒になって遊んだりする中で子どもたちの興味・関心、どんなことを知りたがっているかが浮かび上がって

PBL計画書

プロジェクトテーマ:＿＿＿＿＿＿＿＿＿＿＿＿＿＿＿＿

①目的について

このプロジェクトの目的は何ですか？(このプロジェクトを選んだ理由)

②目標について

プロジェクト終了時に何を学んでいてほしい、体験していてほしいですか？
プロジェクト中の経過目標はありますか？

③準備について

どんな準備が必要ですか？
どれくらいの期間で取り組みますか？

④アクティビティについて

目標達成のために取り入れたいアクティビティは何ですか？

⑤子どもたちのグループ構成について

グループは毎回同じですか？
それともランダムに決めますか？
ひとつのグループを何人にしますか？

⑥ドキュメンテーションについて

どのような方法でドキュメンテーションをし、フォローアップしますか？
ブログ？　掲示？　動画？　写真？　ポートフォリオ？

きます。

こんなきっかけでプロジェクトが始まったことがありました。ある日、登園してきた子がなかなか泣き止まず、先生は何があったのか聞きました。すると、夜に見た怖い夢が忘れられないらしいのです。そこで、子どもたちと先生は寝ている時の「夢」について話をすることにしました。「みんなは、どんな夢を見たことがある?」と尋ねると、子どもたちはそれぞれに自分の見た夢について話し始めます。

そこで先生は「ドリームキャッチャーって知ってる?」と写真を子どもたちに見せて、それは悪夢を捕らえてくれると言われていることを紹介しました。子どもたちは興味津々です。そこで予定していた工作の時間の内容を急遽、ドリームキャッチャー作りに変更しました。子どもたちの興味は、睡眠とは何なのか、人間以外も寝るのか、などの疑問へ発展しました。そして次第に、寝るときに見る色んな夢から、将来の夢へと興味をもつようになったのです。プロジェクトの中で変化していく子どもたちの興味、関心、疑問を追うことで、子どもたちのわくわくが続き、学びに主体的になれるのだと思います。あくまでも子どもたちが、プロジェクトリーダーです。

この目的についての項目には、先に挙げたようなプロジェクトテーマを選ぶに至った経

窓際に飾られているドリームキャッチャー。

緯や何のためにこのプロジェクトをするのかについて書きます。

②目標について

ここでは、先ほど決めた目的をより鮮明にしていきます。プロジェクトを通して、どんなことを学んでほしいか、体験してほしいか、経過目標を立てます。

目的を決めるためには、現状を知る必要があります。子どもたちがプロジェクトテーマについて、どんなことを既に知っているのか、どんな体験をしたことがあるのか、などを子どもたちにインタビューして、マッピングします。

プロジェクトテーマを「スウェーデンの白

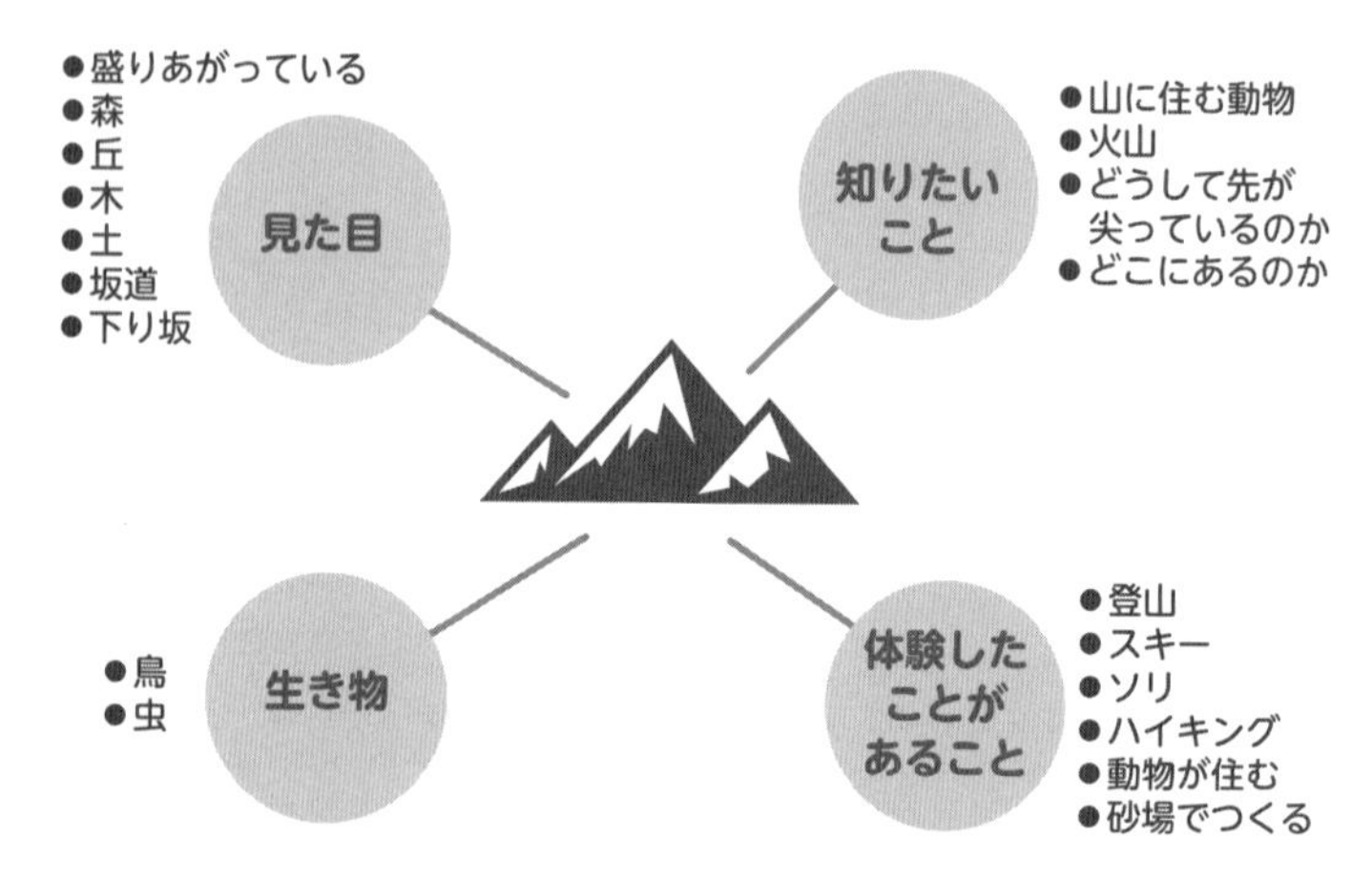

プロジェクトテーマを「スウェーデンの自然」にしてマッピング。更にそれをまとめたもの。

然」にしたとしましょう。マッピングから「スウェーデンの山（fjäll）の名前がひとつも出て来てないな」「山を見たことのない子がたくさんいるな」「山と森の区別がついてないな」など、気づきがあると思います。さらに、ここで忘れたくないのは、子どもたちにどんなことを知りたいか、どんな疑問があるかを聞くことです。こうして得られた発見に基づいて目標を立てます。

例えば、PBL期間終了までに「山の特徴がわかる」「スウェーデンの有名な山を紹介する」「山と森の区別がつくようになっている」「火山の仕組みを知る」などが挙げられるでしょう。これは、グループの目標です。子どもたちの中には、「スウェーデンの有名な山の名前が言えるようになる」が最適な目標となる子もいると思います。

一方で、ストックホルムに住んでいると森や自然公園に触れる機会はたくさんあっても、山は近くにないので山を全く身近に感じない子どももいるでしょう。その子にはその子の最適な目標があります。プロジェクト進行中、その子にはもちろん、個人に最適な目標を踏まえたアプローチをしていくことになるのですが、この項目ではグループの目標を書きます。

③準備について

ここでは、子どもたちの興味をより引き出すギミックについて考えます。教室に入ってきて、色んな山の写真が壁に貼ってあったら？　さらにその側の机に粘土が置いてあったら？　子どもたちの「わー！」や「んー？　これは何？」が聞けたら成功です。子どもたちの知りたい、学びたいを刺激するような環境ですね。また、子どもたちが自分の知識や経験を総動員させなければならないような環境も必要になってきます。

ＰＢＬの期間については、そこまで正確でなくてよいと思います。実際には、立てた目標を基に大まかなタイムラインを設け、あとは子どもたちの反応を見て調節していく、ということが多いです。

④アクティビティについて

ここには、目標達成のための具体的なアクティビティを記入します。目標に書いたような子どもたちに得てほしい知識や経験を基に実際の活動を決めていきます。先ほどの「山プロジェクト」を例に考えてみましょう。

- スウェーデンの山の写真や動画をプロジェクターを使って紹介。みんなの気づきをひろう
- 山に住む動物の鳴き声を調べる。動物園で実際に見る。音声ファイルを二次元バーコード化し、子どもたちが自由に読み込み、再生できるようにする
- 山に関する本を読む
- 山にある植物を調べる

授業計画ではなく、プロジェクト計画なので、細かく決める必要はありません。ブレインストーミングしてアイデアを書き出すのも良いでしょう。

⑤グループ構成について

プロジェクト進行中、様々なアクティビティをするので、そのアクティビティに合うグループ構成をします。ここにはどんなことに配慮してグループ構成をするのかについて書きます。

目標を決めた時のマッピングを基に、経験値がよりある子たちをひとつのグループにすることも考えられますし、子どもたちのチームワークに働きかけたいと思うのであれば、全員を一つのグループにすることも考えられます。臨機応変に、先生があらかじめ設定したPBLの目的にあったグループ構成にするのが良いと思います。もちろんクラスを二つのグループに分ける際、二つのグループを同じ人数にする必要もありません。難易度の高いアクティビティをするグループは小さくするなど工夫ができます。

⑥ドキュメンテーションについて

ドキュメンテーションを使うことで、子どもたちの成長や学びを見取るだけでなく、学習指導要領にある目標に対してどのような働きかけができているかふりかえり、評価することができます。

それでは、ドキュメンテーションは具体的にどんなことに役立つのでしょう？　スウェーデンでは例として次のようなことが言われています。

- 子どもたちの学びのためにどんな条件をつくりだせたかを知る（使用したギミックやグループ編成の際に配慮した点など）
- 学校の環境がどのように子どもたちの学びに貢献しているか理解する
- 子どもたちの以前からもつ経験や、できること・知っていることを可視化する
- 子どもたちが何について探求し、どのように学んでいるのかについて理解する
- 子どもたちが何を面白い、楽しい、意味深いと思うかについて知る
- 子どもたちの学びのプロセスが可視化される

ドキュメンテーションを何に役立てたいか、その目的をはっきりさせることが大切です。それによって何を、どうやって記録（ドキュメンテーション）するかが変わるからです。

例えば「山の特徴がわかる」という目標を達成するためのアクティビティをふりかえるとしましょう。子どもたちがプロジェクト序盤で作った粘土の山とプロジェクト中盤で作

った粘土の山にはどんな違いがあるでしょうか？　ドキュメンテーションの目的が学びの可視化であれば、序盤でつくった山と中盤で作った山を写真や動画で記録しておく必要があります。また、作った時の子どもたちの発言が記録してあると良いですね。最初に作った山は、ただの円錐状のものだったのが、プロジェクト終盤では頂があって麓があってと複雑になっていたり、そこに住む動物が表現されていたり。プロジェクトを進めながら定期的にふりかえり、子どもたちの中で起きた学びを把握する必要があります。写真や動画、メモ書きなど様々な記録を基に、分析することでその先の授業の方向性を決めることができます。

次に、どんなドキュメンテーションの方法があるか挙げてみます。

- 動画を撮る・写真を撮る・録音する
- メモを取る
- 子どもたちに動画や写真を撮ってもらう
- グループディスカッションやインタビューをする
- オブザベーションをする

・子どもたちに絵を描いてもらう
・マインドマップを使う
・自己評価アセスメントや保護者アンケートを取る

どんな方法を取るにしても、ドキュメンテーションを使ってふりかえり、次の活動に活かすことが要となりますね。

先日ひとりの先生とこんな話をしました。

「今年の目標では積極的に子どもたちを巻き込んでドキュメンテーションすることを掲げていたけれど、どう?」

「壁に写真や子どもたちのコメントなどを掲示して、それについて子どもたちと話し合うことが多くなったよ」

「それでどんなことがわかった?」

「自分は重要視してなかった出来事が、子どもたちにとってはすごく大切な経験になっていたことがわかったよ。掲示する写真を子どもたちに選んでもらっていたんだけど、『この写真がいい!』って選んだ写真が私は全く気に留めていなかった時の写真だったの。その時のことを聞いたら『穴を掘ったんだけどね、中に色んなものを詰めて秘密の穴になったんだよ。〇〇ちゃんはお休みだったから、次に行った時に教えてあげるんだ。』って。」

先生が子どもたちとふりかえりをしていなかったら、その出来事の大切さに気づくことなく終わっていました。実際に先生はその後、授業内容を子どもたちの関心に沿ったものへと軌道修正することができました。「〇〇がしたい！」という直接的な言葉だけが、子どもたちの意思表示でなく、間接的にでも授業デザインに影響を与えることができるということです。ドキュメンテーションするぞー！　と張り切って色んな写真や動画、メモを取ったものの目的がはっきりせず、ただの記録で終わってしまうということを私もしたことがあります。ドキュメンテーションを介したふりかえりが、授業の方向性に影響を与えた良い例だったので紹介させていただきました。

スウェーデンの中学校のＰＢＬ

さて、まずは就学前学校での実践についてご紹介しましたが、ここで中学校の場合はどんなＰＢＬができるのでしょうか？　「近世ヨーロッパ」を例に、私がＰＢＬ的アプローチをするならという視点で計画書を書いてみました（２１２～２１３ページ参照）。

プロジェクト概要・企画案

プロジェクトとは?

プロジェクトベースのアプローチ法とは以下のことを意味する:

- ラーニングプロセスを作り出す
- 子どもや教員の観念、考え、知識を発展あるいは変化させる
- 子どもたちの探求心を出発点とする
- 子どもたちの疑問や思索、経験を拾い上げ、それらを学習指導要領にある学習のねらいと結びつけること

プロジェクトテーマ:

近世ヨーロッパ

目的:

なぜこのプロジェクトを選んだのか?その目的は?

先日の校外学習で、旧市街地にある王宮の側を通った。子どもたちは「本当にここに王様が住んでいるのか?」や「いつから王宮はあったのか?」など興味津々で、この機会を活かして子どもたちにどの時代についてもっと知りたいか聞いたところ、多数決で近世ヨーロッパに決まった。

学習指導要領引用

「それぞれの時代の歴史的状況、時代の流れ、人物について基本的な知識がある。社会的変化、人々の生活状況、そして行動の原因とそれによって起きた結果について説明することができる」

目標:

プロジェクト終了時に子どもたちは何を学び、経験し、参画していることを想定しているか?

近世の当時の状況や人々の生活状況がどうかわっていったのか、どのような人物がキーパーソンとなったのか、またその背景についての理解を筋道立てて示すことができるようになる。

アクティビティ

プロジェクトに含まれる活動(実際に授業でやること)

子どもたちにこのプロジェクトを通して学びたいことをブレインストーミングしてもらったうえで、他の先生方との話し合いし、以下のことが決まった。

- 歴史では近世ヨーロッパ後期を取り扱う。事前知識を確認するうえでどんなものを食べて、どんな服を着て、どんな家に住んでいたのかを想像してもらう。また近世ヨーロッパが舞台になっている映画や漫画があるか調べてもらう。その後実際にどんな時代だったのか、教科書や資料を使いながら知識を深めていく。その後自分たちの選んだ方法で得た知識をアウトプット。
- 家庭科では近世ヨーロッパのお茶会というテーマでティーパーティーを開く。そのために実際はどういう慣習だったのかを生徒が調べ、企画する。
- 国語ではグループにわかれて各グループで近世ヨーロッパの主要人物になりきって社会情勢についてディベートする。最初にテーマを決めて準備をする。
- 体育では近世ヨーロッパのダンスを学び、最終的には舞踏会を開く。
- 美術では3つの中から選択。近世ヨーロッパの美術史についてレポートをまとめる。当時の建物や生活の様子を調べて体育の舞踏会で使う大道具を作る。数人で協力し当時の服あるいは装飾品を再現し、プレゼン。

各先生方が担当教科ごとに生徒と話し合い、意見を取り入れつつ細かい部分を詰めていく。

準備
4週間（歴史）

- 先生方の中でプロジェクトに参加したい方を募る
- 参加する先生方との会議を○月○日までに終わらせる
- パソコンまたはタブレットを人数分
- 視聴覚室の予約

グループ分け
グループは固定?偶発的?縦割り?各グループ何人?

歴史ではプレゼンテーションをしたい生徒、レポートを書きたい生徒、動画をつくりたい生徒で分かれる。個人で取り組むのも可。

ドキュメンテーション
どの形式のドキュメンテーションにする?ブログ?ニュースレター?掲示?いつ?

生徒は学びのプロセスを記録し（書いても、ボイスメモでも良い）ふりかえり、教員は写真やビデオで記録したものをGoogle classroomで共有する。

いかがでしょうか？　この計画書は、就学前学校で使っているものなので教科によって担当が分かれていることを想定していませんが、イメージとして伝わればと思います。もちろん学習指導要領の構成や、授業デザインの自由度においてスウェーデンと日本とでは前提条件に違いがあります。スウェーデンのやり方が正しいということではなく、一つの例として、じゃあ自分の学校で取り入れるならどうするかを考えるきっかけになれば嬉しいです。

そしてもう一つ、生徒の興味に寄り添うPBLのテーマにはどんなものがあるでしょう？例えば「ソーシャルメディア」。今やSNSを利用していない生徒は少なく、身近なテーマと言えるでしょう。もしくは、生徒のみなさんに意見を出してもらって、投票する形にすれば先述のLearn throughの体現となるでしょう。また、最初は多くの教科でなく、まずは2教科だけでPBLに取り組むというのも良いかもしれません。

以前勤めていた学校では、物理のレポートを物理の先生は内容を、国語の先生は文章そのものを評価するという共同評価をした例がありました。先生たちはお互いの視点を話し合いながら評価でき、生徒は一つの課題に取り組む時間が増え、じっくり書けるためとても好評でした。

また、テスト前の数日間、通常授業をとっぱらい、各教室にひとりずつ先生がつき生徒は聞きたいことがある先生の元へ行く、ということをしたこともあります。

最後の点は余談でしたが、教科横断のコラボレーションには多くの利点があると思っています。先述しましたが、日本で近年取り組まれている学校全体のカリキュラム・マネジメントが、教科間・教師間のコラボレーションにつながっていくと良いですね。

校長の立場と視点からのＰＢＬ

ここまで、先生方の視点でＰＢＬというアプローチについてお話ししてきましたが、校長の立場からもＰＢＬについて触れてみたいと思います。

私は誰もいない校内を歩く時間がとても好きです。子どもたちの新しい作品が壁に掲示されていたり、子どもたちの発言が書かれていたり……。これらは、先生が仕掛けた何かが生んだ結果や子どもたちの自ら始めた「やりたい！」の結果です。このような結果や生産物を見ながら、そこにある見えないストーリーを想像する時間がとても好きなんです。

例えば写真①の作品。「暗闇の中の光」というプロジェクトテーマで生まれた作品です。目に映るのはたくさんの色や素材を使って表現された光。絵の隅には、先生が書き留めた

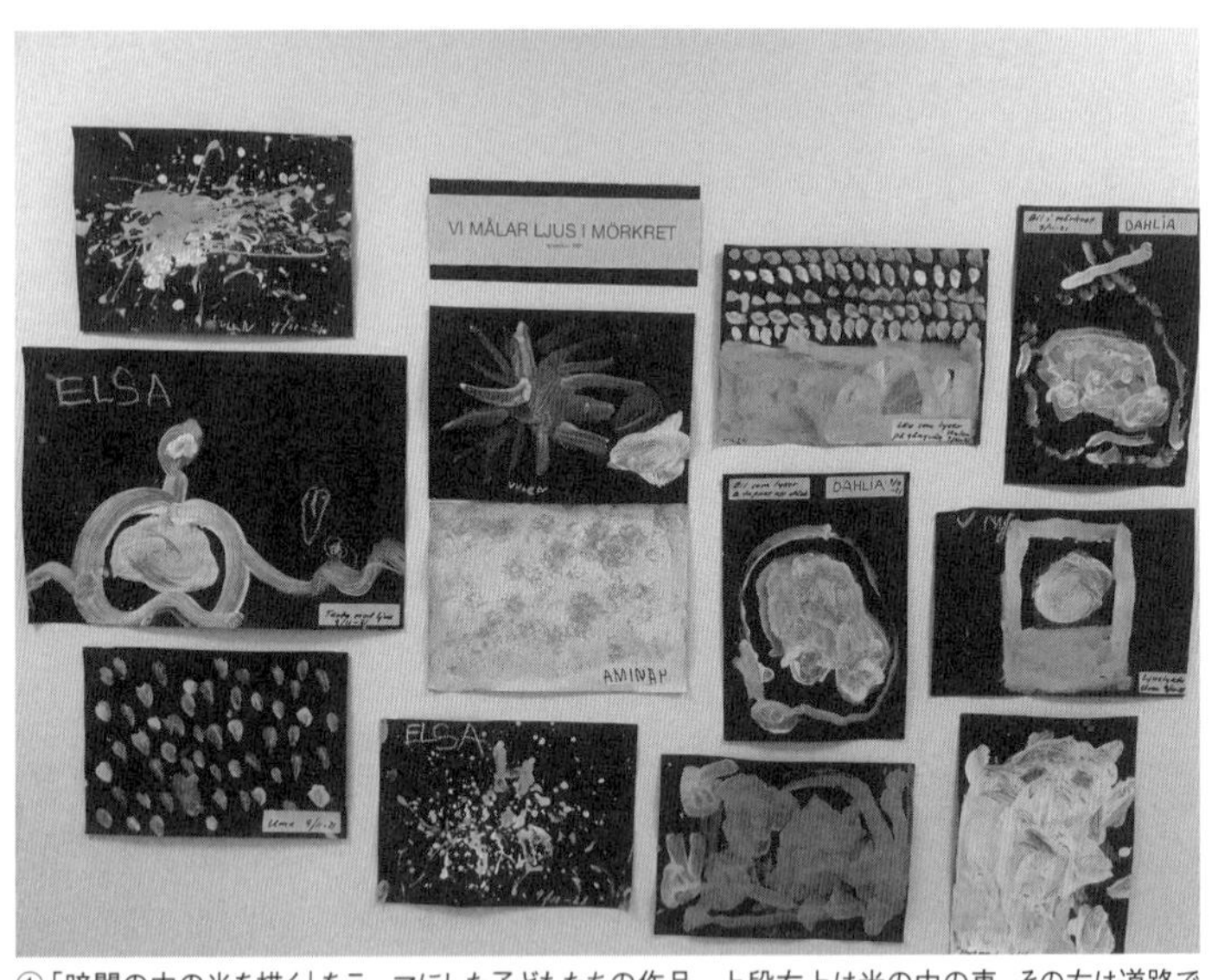

①「暗闇の中の光を描く」をテーマにした子どもたちの作品。上段右上は光の中の車、その左は道路で光る葉っぱ。

子どもたちの言葉が書いてあります。写真の上段右の絵は「光の中の車」、その左隣りの絵は「道路で光る葉っぱ」。あぁ、子どもたちは光をこんな風に理解してるんだなぁ、と子どもたちから見た世界に心が躍ります。

　この作品を見るだけでは、その背景にあるストーリー（プロセス）はわかりません。「どうして、このテーマに行き着いたんだろう？」「先生は子どもたちに何を学んでほしくて、そのためにどんな経験をしてほしいとおもったんだろう？」「どんな導入で子どもたちをわくわくさせたんだろう？」……こんな疑問が浮かんできます。

実際に先生に聞いてみると、「最近ぐっと暗くなってきたでしょう？　子どもたちはどう思っているのかなと思って……」と答えてくれました。子どもたちの身近で起きている季節の移り変わり、日が短くなる現象をテーマにしたんですね。

また、授業の展開についても尋ねてみると、先生はこんな質問をしたそうです。

- 「光」って言葉を聞いて何を思う？
- 「光」って何？
- どこから「光」はやってくるの？
- 屋内の「光」って何がある？
- 「光」は夜になるとどうなる？
- 「光」って描けると思う？

最後の質問に「描ける！」と答えた子どもたち。更に、

「光ってどんな色？」

と聞いて、それぞれの光の色を選んでもらったそうです。

②子どもたちに光と影に興味を持ってもらうために、先生たちが予め準備していた教室の様子。

数日後、私は子どもたちが来る前のアトリエへ行きました。その時に撮ったのが写真②です。

作品を見ただけではわからないことの面白さはここにもあります。子どもたちに光と影に対する興味を持ってもらうために、先生がこのような環境を予め作り出していたんですね。数々のギミックがあってこそ子どもたちがそのテーマに惹きつけられ、想像力が刺激されるのだと思います。

また数日後のことです。同じテーマに新しい作品が増えていました。なんだか絵に丸（○）を描いている子が多いような……（次ページ写真③）。そこで、私は再び担当の先生と話してみることにしました。

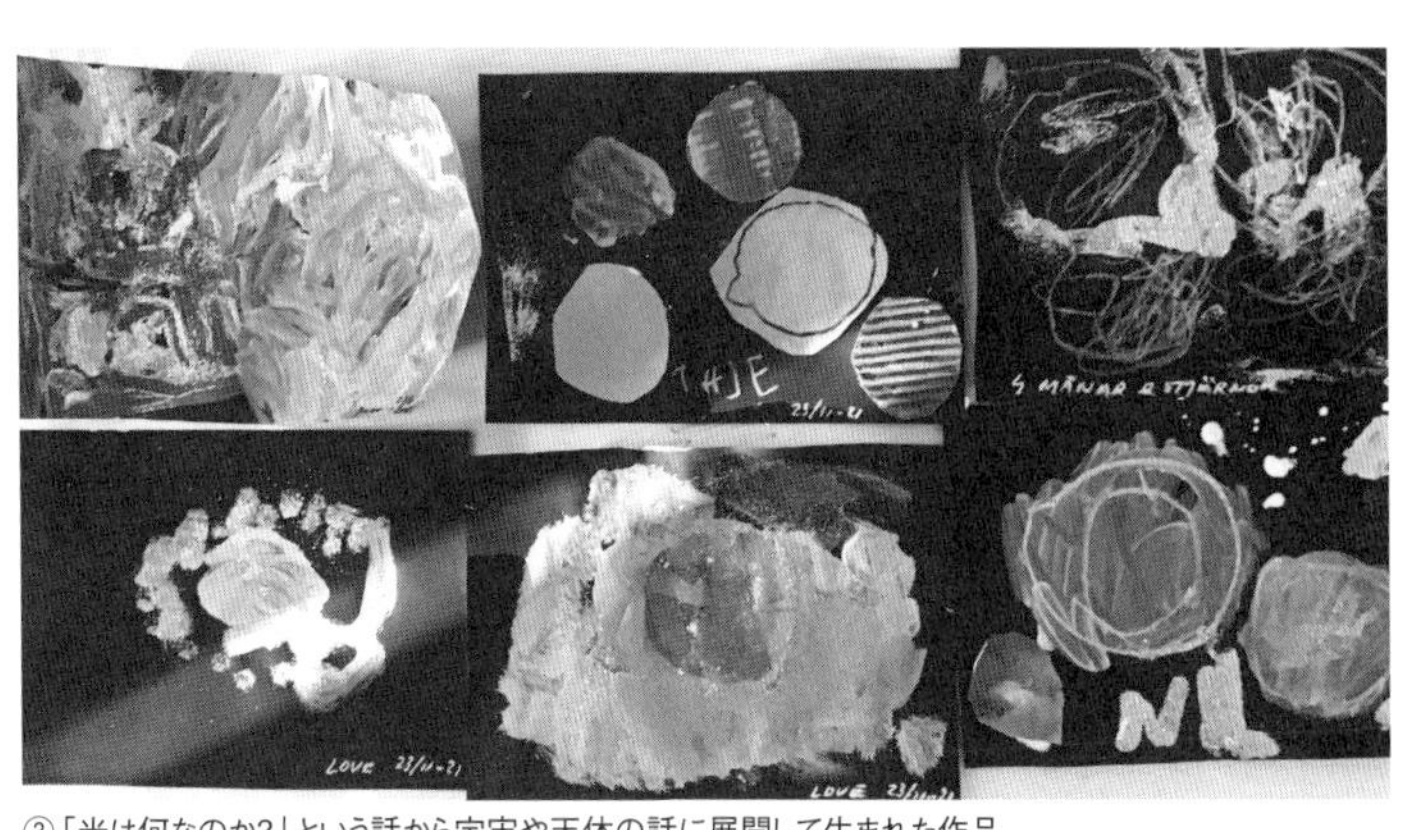

③「光は何なのか?」という話から宇宙や天体の話に展開して生まれた作品。

前回の授業で、先生と子どもたちが「光とは何なのか？」の話をしていた時、宇宙や天体の話に発展したそうです。子どもたちは宇宙や天体に関する疑問や知っていることを口々に教えてくれたそうです。絵に描かれた丸は天体だったのですね。

私はそれで納得しました。写真②をよく見ると、真ん中の机には宇宙や天体の写真、壁には星や惑星が映し出されています。これは前回の授業で子どもたちが宇宙や天体に興味を持ったから、ああした環境を作り出したんですね。前回見た時はてっきり先生が自分で考えて宇宙と言うエレメントを加えたのだと思っていました。

子どもたちの「面白い！」や「知りたい！」に対して先生が誠実でいること。最初から決まった答えを教えるのではなく、子どもたちの持つ答えに寄り添い、てれを深め、一緒に答えを発見すること……。こうした大人側の心持ちや姿勢こそが子ども主体の学びを作るのだと思います。着任したばかりだった私は、それを実践する先生の働きかけに触れ、とても胸が熱くなりました。

こうした心持ちや姿勢は、学習指導要領にも繰り返し書かれています。

> 教育とは、生涯学び続けたいという気持ちが促進されるものでなくてはならない。

> ……子どもたちが自分の考えやアイデアを言葉にすることを奨励し、それができるような環境づくりをしなければならない。……

> ……教育は学習指導要領や子どもが興味を示すもの、これまで培ってきた能力や経験を起点とする。新しい発見や知識へと導くことで継続的に子どもたちを（さらなる学びへ）挑戦させていかなければならない。

いかがでしょうか？　これまで中山先生や徳留先生のお話されてきたこととの通ずるものがあると思います。

3 日常的な対話や関わりの中で価値観は形成される

麻衣さん、スウェーデンの就学前教育現場での様々な実践を紹介していただきありがとうございました。他者とのつながりを大切にしていきたいという価値観によって、コミュニケーション力や共感性などの「他者とつながる力」を伸ばしていけるように、私たちにとって価値観を持つことは非認知能力を伸ばす上でとても大切です。ただ、その価値観は一体いつ形成されていくのか、麻衣さんが紹介してくださったように、それは日常的で継続的な人との対話や関わりの中で形づくられるのではないか……、すごく大きな学びになりました。だからこそ、親も教師も、とってつけたような指導の場を設けて子どもに対して「伝えた」気になっているのではなく、日常の中での対話ややり取り、そして関わり合いをもっと大切にしていきたいですよね。

就学前教育については、日本の教育現場でも大変すばらしい実践があります。スウェーデンでも日本でも共通するのは、ＰＢＬのような設定した活動であっても、先ほどのふだんの対話であっても、教師が何を意図しているのかが明確であること、そして教師間が安心して失敗でき、そこをフォローし合えるようなチームづくりが重要であることも改めて学ぶことができました。

スウェーデン同様に日本も幼稚園、保育園、こども園などの就学前教育現場でＰＢＬ（いわゆる、保育士が活動の時間と内容を計画的に設定し子どもに提案する設定保育のような活動）が活発に行われています。それに対して、小学校以降が弱まってしまっているという課題があり、現在そこを「主体的・対話的で深い学び」という名のもと意識されるようになったと思います。その点については、最後に日本の中学校現場で実践されてきた宏紀さんにご意見をいただき、この章を締めくくりたいと思います。

4 子どもたちの持つ興味や考えに誠実に寄り添い深め発見する

徳留宏紀

日本の就学前教育現場で設定保育のような活動があることは知ってはいましたが、麻衣さんがお話くださった実践のように、ここまで子どもたちが自分自身で考えながら取り組みを進めていることには驚きました。

そして、おっしゃる通り、小学校以降の現場ではPBLの活動は弱まってしまっているのが現状ではないかと思います。もちろん、私が知っている学校で、PBLを中心とした素晴らしい取り組みをしている学校もありますが。

小学校から中学校へとステージが変わる際に、一人ひとりの子どもたちの引継ぎが行われます。しかし、中学校現場ではどうしても、小学校から進級してきたばかりの中学1年生は「手取り足取り教えてあげなければならない存在」と捉えられてしまうケースも少なくないです。たとえ、数カ月前に最高学年の6年生としてみんなを引っ張っていく存在だったとしても、です。たしかに中学校では1番下の学年ではありますが、就学前教育、小学校で様々な経験をしてきた子どもたちなので、いろんなことにチャレンジできる環境を創っていくことが大切であると痛感しました。そういった意味でも、第Ⅵ章で紹介した「シンシンコンビ」による両校の中学1年生におけるＰＢＬのチャレンジは大きな意味を持ってくるのではないかと思いました。

「子どもたちの『面白い！』や『知りたい！』に対して教師が誠実でいること。最初から決まった答えを教えるのではなく、子どもたちの持つ考えに寄り添い、それを深め、一緒に答えを発見すること」、これはまさに、授業づくりにおいてもなくてはならない視点だと共感するとともに、私の心にもしっかりと刻まれた大切な学びとなりました。

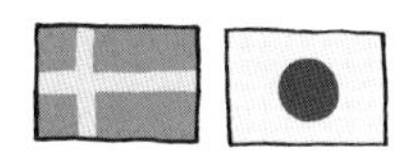

第IX章

スウェーデンの感情教育実践

―子どもが自分の感情について学ぶ―

1

スウェーデンで実践されている「感情について」の学びとは

中山芳一

第Ⅶ章と第Ⅷ章で麻衣さんが紹介してくださったスウェーデンの教育現場の事例、とても興味深かったです。特にⅦ章の「3つのLearn」を踏まえることによって、私たちがいま重要なテーマとしたい認知能力と非認知能力の一体的な学びの機会であったり、学校教育で重要視されているカリキュラム・マネジメントであったりというところに結びついているのだなと、大変参考になりました。

そして、生活と学習を切り離さないための学びのデザインについても色々と考えさせられました。よく非認知能力の話をするときにも、特別な訓練ではなく日常生活の中でこそ伸ばしていけると皆さんにお伝えしていますが、私たちは日々の生活こそ一番大切にしていかなければならないのだと、改めて確認することができたように思います。

さて、ここではまた視点を変えて、スウェーデンで実践されている「感情についての学び」を紹介していただきましょう。日本でも感情トレーニングは特別支援教育の場を中心に実践されているのですが、スウェーデンでは特別支援にかかわらずより一般的に実践されているそうです。

そういえば、私が10年以上前にスウェーデンの隣国であるフィンランドの小学校へ訪れたとき、図工室に大きな切り株が置いてあって、その切り株のあちこちに釘が刺さっていました。私が、「これは一体何なのですか？」と尋ねたところ、「怒りの感情が込み上げてきた子どもはここ（図工室）へ来て、この切り株に釘を打って感情を落ち着けるのだ」という回答が返ってきたのです。「感情も落ち着いて、釘の打ち方もうまくなるんですよ」と教えてもらったとき、「これも一つの感情トレーニング（アンガーマネジメント）なんだ」と印象深く感じたことを覚えています。

非認知能力が社会情動的スキル（ＯＥＣＤ：２０１５）と置き換えられることがあるように、非認知能力は感情と深く関わるものであり、いかに感情をコントロールできるようになるかが重要なカギであるといえるでしょう。そんな感情のトレーニングについて、スウェーデンの教育現場ではどのような実践が行われているのかをぜひ麻衣さんにご紹介いただきましょう。

2

感情について学ぶために必要な二つの力

田中麻衣

プルチックの感情の輪

私たち人間は、自分や他人の感情と四六時中付き合っているのに、感情そのものについて学ぶ機会が少ないように感じます。お友達が持っているおもちゃが欲しくて取り上げたら、そのお友達が泣いてしまった、幼児にはよくあることです。お友達が持っているものが欲しいとき、貸してもらえるか聞くことや、自分の番を待つことが、気づけばできるようになっています。お友達が自分のものを無理に取り上げたら、返してと言えるようにもなります。年上だから、女の子だから、男の子だから、かわいそうだから、と我慢を覚えるのは感情をコントロールすることとはまた違うように思います。コントロールというと抑制することのように聞こえますが、ただひたすら我慢していては自分の気持ちや心の境界線の尊重の仕方がわからなくなってしまうでしょう。かといって自分の感情のままにおもちゃを取り上げたり、取り返そうとして飛び掛かっていては他人とつながることができません。それゆえ、中山先生のおっしゃる「他者とつながる力」や「自分と向き合う力」が必要です。この章では、スウェーデンの就学前学校での実践をご紹介していきますが、その前にスウェーデンでも日本でも知られている「プルチックの感情の輪」に触れておきたいと思います。

感情の輪（Wheel of emotions）とは、アメリカの心理学者、ロバート・プルチックが提唱した円錐をさかさまにしたような色彩立体の感情の分類モデルです。

この「プルチックの感情の輪」は感情の種類だけでなく、それらの相互関係も図で表しています。花びらのように突き出ているのは三次元の立体図を展開したもので、プルチックはこれを8つの基本感情としています。色の濃淡で作られた層が、中心に近づくほど強い感情を表しています。悲しみの反対になるのは喜び、というように反対側に位置するのは反対の感情です。花びら同士の間の言葉は、隣り合う二つの基本感情が合わさると生まれるとされています。こうしてみると、感情がいかに複雑で細やかなニュアンスに富んでいるかがわかります。私たち大人がこのような感情のパレットを意識するだけでも、子どもたちが自分の感情と向き合ったり、他人の感情を理解することに大きな手助けになるで

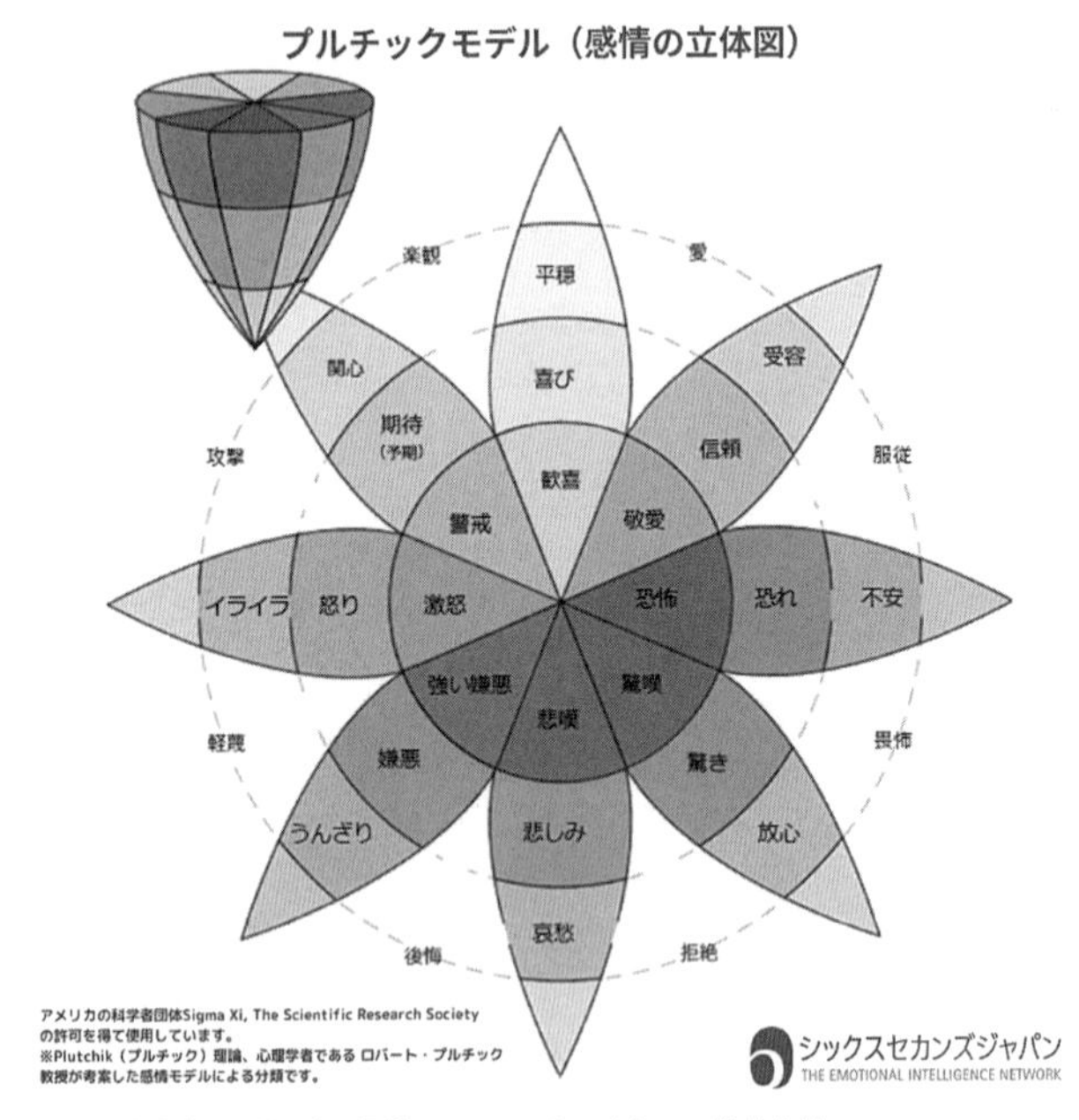

プルチックモデル(感情の立体図)。提供：シックスセカンズジャパン株式会社

しょう。

自制心や忍耐力は他者とつながるために必要

スウェーデンの感情教育について中山先生と話していて面白いなと感じたのは、自制心や忍耐力などの立ち位置の違いです。「自分と向き合う力」としてグルーピングされているこの力ですが、スウェーデンの学習指導要領では、「他者とつながる力」の位置づけになっています。スウェーデンでは、過剰に我慢することが美徳であったり、我慢で

きる人が理想であったり、ということをあまり感じません。日本でも聞かれることですが、子育てや教育、保育の場面で泣いている子に「もう泣かないの」ではなく、「悲しいんだね」と共感することが望ましいとされています。とはいえ、感じるままに行動していては、社会で他人とつながることが難しくなることは明らかです。そこで、自制心や忍耐力は何のために必要なのか、これらの力を伸ばしていく目的は何なのかといえば、「他者とつながるためである」……と考えられます。そのため、学習指導要領の中に多々出てくる「自分の考えを伝える力」や「相手を理解する力」「他者の異なる考えを尊重する力」などの中に自制心や忍耐力が含まれていると理解できます。

ちなみに、2012年に書かれた学校庁の研究レポートによれば、1994年以前の学習指導要領には、忍耐力や勤勉さについての言及があったのだそうです。スウェーデンも時代の変化の中で必要とされる力の見方も変えていったということでしょうか。

子どもたちが感情を学ぶための実践

それでは、ここから子どもたちが感情を学ぶためのスウェーデンの教育現場での実践について紹介していきましょう。

就学前教育では自分の感情を認識し、それを伝えられる力、他人の感情を尊重する力が大切にされています。1歳児のまだ言葉が話せない時期から、大人（特に保育者）たちは、「完成したね！　嬉しいね！」や「せっかく積み上げたのに崩れちゃって悲しかったね」などと子どもたちの感情に言葉を乗せ、代わりに表現することを心がけています。この点は、日本の保育者も全く同様だと思います。

また、面白い試みだと思う

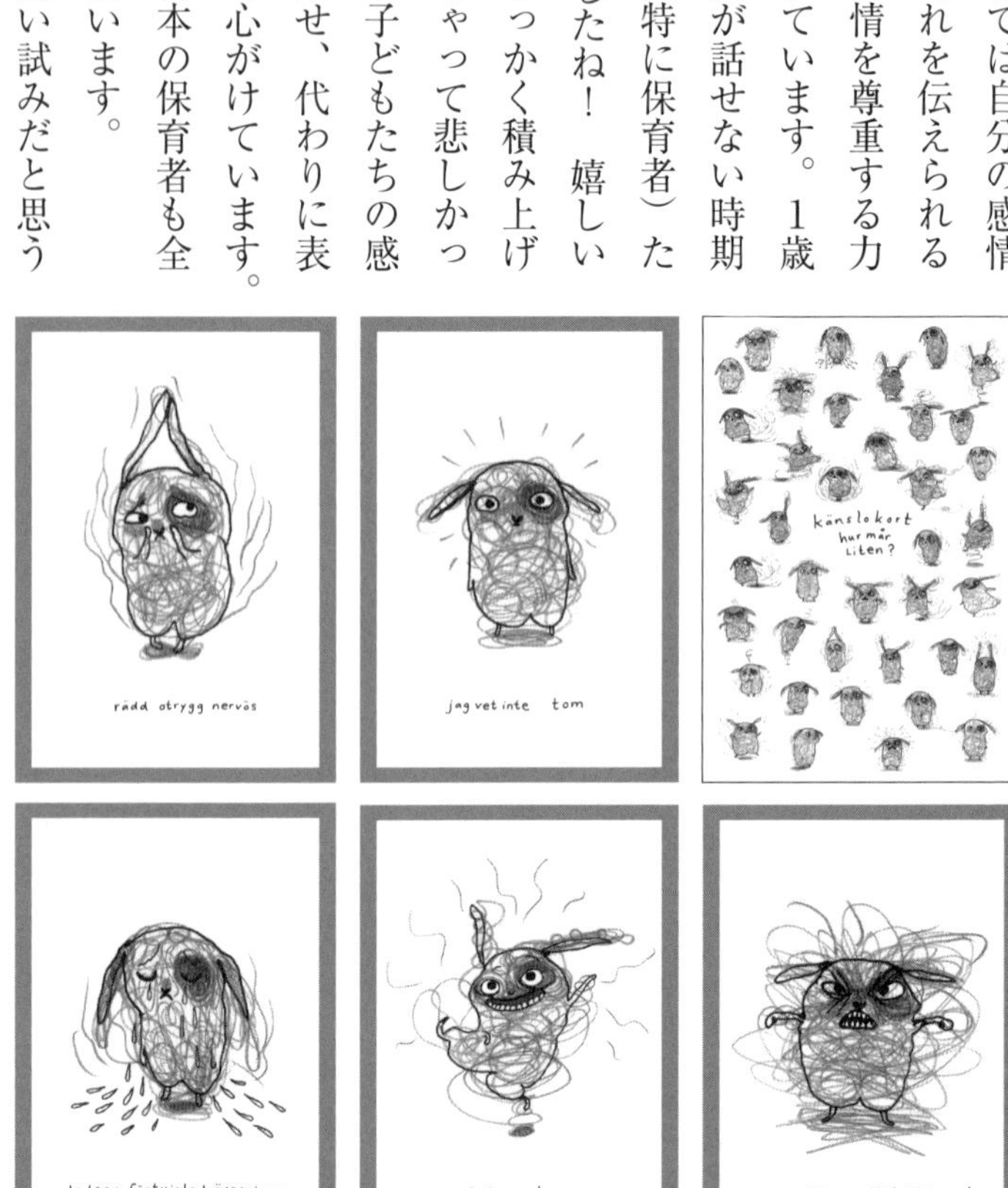

Litenというキャラクターを用いた感情カードの一部。犯罪被害者を支援するためのBrottsoffermyndigheten（犯罪被害者庁）が提供している。イラストは絵本作家のスティーナ・ヴィルセン。https://www.jagvillveta.se/Filer/PDF/K%C3%A4nslokort_2.pdfよりダウンロードできる。
En originalproduktion från Bonnier Carlsen Bokförlag, Stockholm i samarbete med Brottsoffermyndigheten

のが「感情カード」（232ページ参照）を積極的に使った、感情について考える機会の提供です。例えば、「嬉しい」「寂しい」「不安」「虚無」など、20の異なる感情に関する言葉が書かれたカードを使います。そして、それぞれのカードを見せながら、次のような質問を投げかけていきます。

あなたは……

- 嬉しいとき、お腹はどんな感じがする？
- 怒っているときはどんな顔になる？　もっと怒ったら？
- 嬉しい！　っていう飛び方ができる？
- 不安な時のとぼとぼ歩きはできる？
- 不安な時のダンスはできる？
- びっくりした顔できる？
- 今、どんな気分？
- 緊張してるとき、お腹はどんな感じがする？
- 怖いとき、足はどうなる？

- くすくすって笑いたいとき腕はどうなる？
- 恥ずかしいって時、どんなふうになる？
- 感情ってなにかわかる？
- どうやったら友達が悲しんでいるか、喜んでいるかわかる？
- 大人の人が意地悪な時、何ができる？
- お友達が笑っているとき、嬉しくなる？
- 意地悪な笑い方ってどんな笑い方？
- 優しい笑い方ってどんな笑い方？
- 本当は悲しいんだけど、悲しくない明るいふりをすることってできる？
- お友達が泣いてるとき、悲しくなることはある？
- 先生は平等であるべきだと思う？　みんなに優しくするべき？
- お友達から怖がらせられたり、たたかれたりしたらどうする？
- 悲しんでいるお友達を、どうやったら慰められる？
- ハグされると落ち着く？
- 嫌な時でもハグしなきゃだめ？

- 意地悪なことを言う子とあそばなきゃだめ？
- 女の子も男の子も同じくらい怒ることができる？
- どうして人は怒るの？
- 大人の人は子どものことをなんでも勝手に決めていい？

正解はありません。そのため、子どもたちを特定の方向に誘導しないように、色々な解釈に興味をもって耳を傾けてみてください。一度にたくさんの質問をするよりは、頻繁に機会を設けて、質問の量を分散させることをおすすめします。

また、今日の気持ちについてカードを使って話してもらうのも良いですね。感情について話すことに慣れていない場合は、小さなグループから始める方が良いと思います。例えばこんな問いかけはどうでしょうか？

- 今日はどんな気持ち？　どのカードが自分の気持ちに一番合う？

（回答例：不安のカード）

- 1から10で表すならその気持ちをどれぐらいの数字で感じてる？

（回答例：7くらいかな）
- その気持ちについて伝えようとするとき、身体はどんな風に感じる？
（回答例：全身が石みたいに固くなる）
- その気持ちにはどんな考えがついてくる？
（回答例：「まちがえずに答えなきゃ」って考えちゃう）
- 何が起きて今の気持ちになった？
（回答例：前、みんなの前で失敗してしまったのを思い出しちゃって……）
- その気持ちはあなたに何を伝えたいんだと思う？
（回答例：上手くやりたい。努力を無駄にしたくない）
- その気持ちはやりたいと思っていることの邪魔になってる？
（回答例：なってると思う。だって失敗が怖くて全力を出せないから……）
- その気持ちと向き合うための最善な考えや言葉、行動は？
（回答例：失敗なんてないよ。挑戦したことがすでに成功なんだから！）

このようなやりとりを感情カードも使いながら日常的に取り組んでいると、子どもたちは、自分の感情のニュアンスが上手く認識できるようになっていきます。泣いている子やひとりで隅の方に座ってだまっている子が、上手く言葉にできないときでも感情カードを見せることで、自分の感情に合ったカードを選んでくれるようになる場合もあるのです。

カードに基づいて質問することで、子どもたちは就学前の時点から感情そのものについて考え、具体的な場面での判断や感情の表し方を学んでいます。こうした取り組みは、日本でもコーチングやアンガーマネジメントなどでも紹介されていると思いますし、教育現場でも積極的に取り入れている先生もいらっしゃると思います。ここで大切なことは、この取り組みは決して特定の先生の特別な実践でもなければ、ゲストティーチャーによる特別授業でもないという点です。日常的により多くの先生たちが取り組んでいる「（良い意味での）普通なこと」にしていきたいですね。

第Ⅶ章174～175ページで紹介した「良い友達って？」というテーマでも感情について取り扱っていました。プロジェクトの途中には、似顔絵を描く授業もあり、その導入の時間に子どもたちの素晴らしい考えを聞けたので紹介したいと思います。

先生「だれかが怖がっているのは、どうしたらわかると思う？」

子ども「体をぎゅって縮こませるんだよ」
子ども「目もぎゅってするよ！」
子ども「震えるとか泣くとか」
先生「泣くのはいいこと？　悪いこと？」
子ども「明るい方がいいから、良くないと思う」
子ども「泣くのはいいことだよ！　泣いたら悲しいのが外に出ていくの。泣くのを我慢したら、それが体に残ってお腹にかたまりができたみたいになるの。」

子どもたちが他人の感情をどのように読み取っているのか、自分の感情とどう向き合っているのかがよく表れている回答です。特に、感情が身体に表れるということもしっかり理解しているのがよくわかります。
私は、感情という内容にかかわらず、授業でこうした導入は欠かせないと思っています。先生が子どもたちの事前知識や経験値を知ることで授業の内容や難易度を調整することができるからです。そして、子どもたちが自分たちの既にもっている知識や経験を思い返し、それを言葉にすることができ、これからやろうとしていることに意識を向けられるからで

子どもたちが描いたカラーモンスターたちと、感情を色ごとに整理したボトル。

す。子どもたちは、この導入の時間の後に自分の描きたい感情を決めて、その時の自分を絵にしました。似顔絵を描く前に導入の時間があったからこそ、目の前に置いてある鏡を使って注意深く自分の表情を観察することができていたように思います。

このクラスでは、Anna Llenasの『The Color Monster:A story About Emotions』（邦題は『カラーモンスター　きもちはなにいろ？』アナ・レナス作　おおともたけし訳、永岡書店）という絵本を教材に、その後プロジェクトを進めていました。この本は、世界中で人気のカラーモンスターシリーズの第1作目です。感情について子どもたちと学べる、とても素晴らしい作品なのでおすすめです。

情動教育にふさわしい犯罪被害者のための教材

また、犯罪被害者をサポートするためのBrottsoffermyndigheten（犯罪被害者庁）が教育機関に向けて出している教材（次ページ参照）が情動教育にとても良いと評判です。子どもたちに自分の感情を表現することや権利、身体のバウンダリー（境界線）を教えることを目的とし、授業で実践する上でのヒントが紹介されています。教材にはLiten（Litenは、スウェーデン語で小さいという意味なので、日本語だと「おチビちゃん」というニュアンスになるのでしょうか）という名前のキャラクターとLitenの身近にいる大人が登場します。Litenは、うさぎのような見た目です。教材の中には短い物語もあるのですが、そこではLitenと一緒に住んでいる大人たちが、毎日のように喧嘩をしていてLitenは悲しい思いをしていることが描かれています。

しかし、Litenには近所の大人たちや幼稚園の先生がいて、その人たちに助けてもらうというお話です。ガイドラインには典型的なお父さん、お母さんがいる家族だけでなく、色々な形の家族があるので、読み聞かせの時には「お父さん」、「お母さん」という呼び方をしないように、そしてLitenも「男の子」、「女の子」という呼び方をしないように明記され

犯罪被害者庁が犯罪被害者のために提供している教材の一部。イラストは絵本作家のスティーナ・ヴィルセン。https://www.brottsoffermyndigheten.se/media/b3sfuaht/liten_0703.pdf よりダウンロードできる。
En originalproduktion från Bonnier Carlsen Bokförlag, Stockholm i samarbete med Brottsoffermyndigheten

ています。

教材の中身を紹介しましょう。大人のひとりがLitenの失敗を怒るシーンが描かれています。そして、そのシーンのところには、以下のような問いかけがされているのです。

「子どもは間違うことがある?」

「大人は間違うことがある?」

「誰が間違っていると決める?」

「誰かに間違っていると言われた時どんな気持ちになる?」

このように、大人とLitenのいろんなやりとりとそれに関する様々な問いかけが書いてあり、子どもたちと一緒に考えていきます。

また、あるシーンではLitenの一緒に住む大人たちが喧嘩して、その中の一人が出て行ってしまいます。残された大人は悲しんでいて、Litenは慰めてあげたいと思っているところです、そのシーンでは、次のような問いかけがなされています。

「どんな大人でも悲しくなることはありますか?」

「大人はどんな時に悲しくなりますか?」

「子どもはどんな時に悲しくなりますか?」

さらに教材のガイドラインには、誰もがみんなすべての感情を感じることができ、そこに男女の差がないことを念頭に置くようにと書いてあります。「男の子は泣かない」や「女の子は繊細だ」といった決めつけや期待をもっていると、どうしてもそれに基づいた反応をしてしまうからです。単に登場人物たちの感情を想像していくだけではなく、同時に性別などによる「あるべき感情」から解放できるような意図も盛り込まれているわけです。

教材は、考えるだけのワークだけでなく、手を動かして作業するワークもあります。Litenの輪郭だけ描かれている紙があり、そこには耳がぴんと立っていたり、垂れていたり、手足がぐっと伸びていたり、丸まっていたり……といろんなLitenがいます。自分の中でLitenがどんな感情かを想像して、言葉だけで表現するのではなく、絵によって表現するというアクティビティも取り入れられますね。ここでも、国語、道徳、図工という私たちが知っているような教科内容によってアクティビティが分けられるのではなく、「感情について学ぶ」というテーマに沿ったアプローチの一つとして絵による表現が使われています。これは就学前に限らず、学校教育でも同様の実践がされていることは、第Ⅶ章でご紹介した通りです。

音楽や身体活動を取り入れた実践

また、音楽や身体活動を取り入れたアクティビティもあります。

○ワーク1

まず4つの異なる曲を用意します。それぞれの曲は、①喜んでいるヘビ　②いたずらっこな鳥　③怒っている猫　④悲しんでいる熊を象徴しています。ここで、子どもたちには踊るのが好きな4種類の動物たちになってもらうため、それぞれの動物について紹介します。その上で、音楽をかけてそれぞれの動物のダンスをしてもらいます。

○ワーク2

歌のない、楽器だけで演奏しているインストルメンタル音楽を用意します。私の勤めていた学校ではモーツアルトやバッハなどのクラシック音楽を使っていました。その曲を子どもたちと聞きながら「どんな気持ちになる?」「その気持ちはどんな色?」「その気持ちはどんな形?」「どんな風に筆をはしらせたくなる?」……などと問いかけをしながら、子どもたちに自由に絵を描いてもらいます。自分の中に沸き上がる感情を認識してもらい、それを描くという行為でアウトプット（表現）するという授業です。もちろん、その絵について言葉で説明してもらったり、音楽を聞きながら踊ってもらったりすることもできます。

感情の役割について考える

また、「感情の役割」について子どもたちが考え、話し合ってみることもおすすめします。そもそも、感情は私たちが「達成したい何か」に向かって行動できるように準備する役割があります。だからこそ、私たちは大人も子どもも、感情に抗って押し殺すのではなく、自分の中に生じる様々な感情をどのように受け入れ、調整し、賢く対応するかが課題になるように思います。それぞれの感情の特性を知ることはその一歩といえるでしょう。非認知能力が感情とは切っても切り離せない関係であり、むしろ感情をプラスの状態へ奮い立たせたり、感情をフラットな状態にコントロールしたりするための「心の力」が非認知能力そのものといえるでしょう。

しかし、そのためにも私たちは感情を頭で理解することも大切になってきます。それが先ほどの「感情の役割」に対する理解につながってくるわけです。

考え→感情→行動→結果を表すモデル

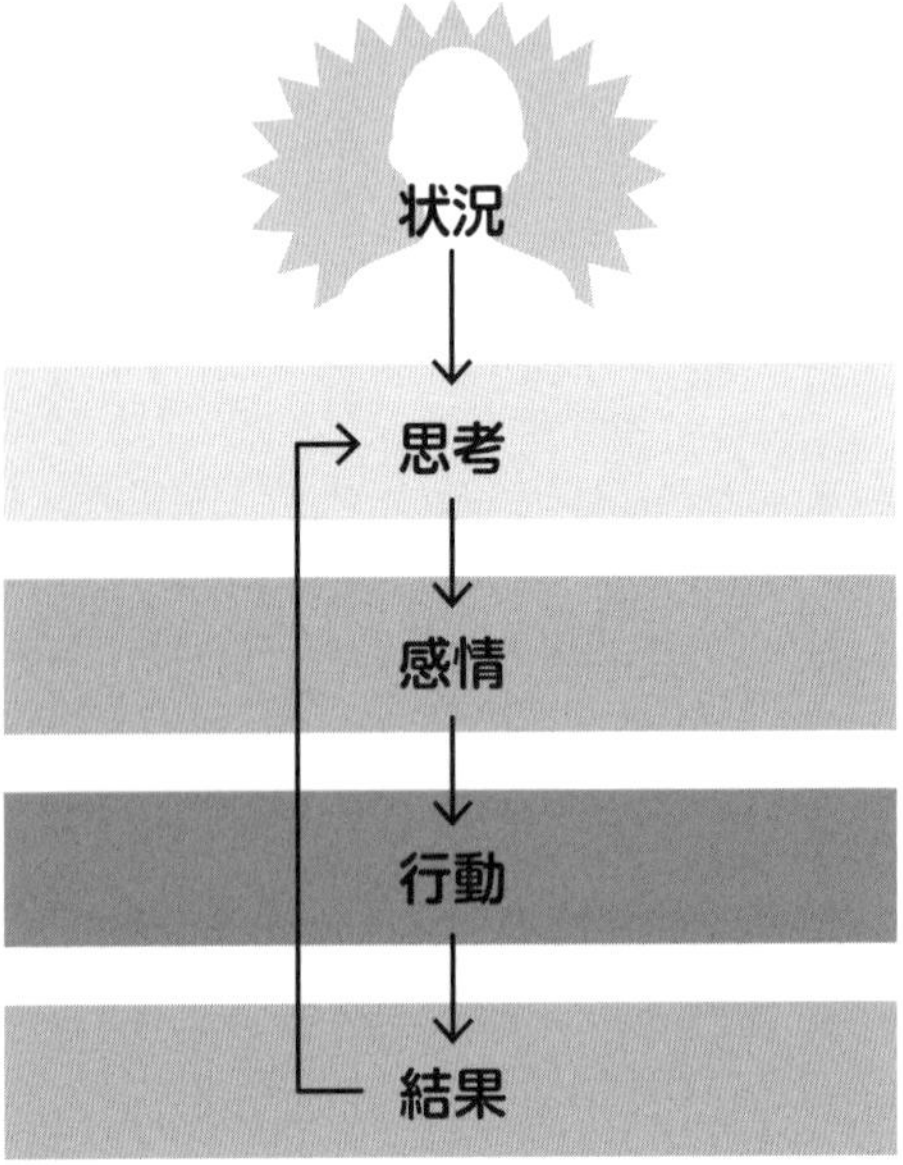

状況

思考

感情

行動

結果

THE LIFE COACH SCHOOLのモデルを元に作成。

それでは、その感情がどんな考えに基づき、どんな行動を生み、どんな結果を招くのか、ということについて考えてみましょう。

上の図は、自分の置かれている状況の解釈が考えを生み出し、その考えが感情を生み出し、感情が行動を引き起こし、その行動の結果は必ず自分の考えを裏付けるものになる、というモデルを示しています。この考え方を例示してみましょう。

例

- 少し離れたところにいる同僚に会釈したけれど、その同僚は挨拶せず離れていった。（↓状況）。

- 無視された。その同僚は私のことが嫌いに違いない（↓思考）。
- 自分の中に生まれてくる悲しみと怒り（↓感情）。
- この日の午後に話しかけられるが、目を合わせることさえなくそっけない対応をする（↓行動）。
- そして、最低限の話しかしなくなってしまった（↓結果）。
- やっぱり同僚は私のことが嫌いに違いない（↓裏付け）。

読者の方も、一度くらいは体験したことがあるのではないでしょうか。こうした普段の何気ない一場面においても、このモデルを利用して感情の流れの把握が可能です。その上で、結果を変えるためには、何よりも状況の解釈や考えを変える必要があるため、私たちはどんな解釈や考えを持てばよいのかについて検討をするのにとても役立ちます。前述した例の場合であれば、別に同僚に無視されたのではなく、気づいていなかっただけ、または急いでいたのかもしれない、という解釈になれば、「忙しくしているのかな？」という考えに変わり、怒りや悲しみではなく同僚に対する心配の気持ちになり、「頑張ってね！」などの気遣いのメッセージを送ることができるかもしれません。そうであれば、先ほどとはまったく異なった結果を生んでいたでしょう。この方法はとても便利なので、気持ちがモヤモヤするときには、大人でも使える方法です。

このように、子どもたちが感情について大人や友達と話す機会をたくさんつくることができれば、自分の感情を認識して伝える練習ができるだけでなく、他人の感じ方は自分と必ずしも同じでないことを理解し、受け入れることを学ぶ機会にもつながります。自分が嫌な気持ちになった時に「やめて」ときちんと言うためには、「嫌だ」という気持ちに気づくというステップが必要です。それは「心の境界線」に気づくことなのです。自分の心の境界線が希薄になってしまうと、人の気持ちを推し量ることに一生懸命になってしまい、自分軸で行動できなくなってしまいます。自主性や自尊心の基盤を支えるのは、こうした自分の気持ちに気づく力、自らの心の境界線を自分が尊重し、他人にも尊重してもらうことにあるのではないでしょうか。

忘れてはならないのは、子どもたちだけでなく、私たち大人もこの練習が必要だということです。つい声を荒げてしまったときに「ごめんね。仕事に間に合わないと思って焦って大きな声を出しちゃった。お父さんのことを待ってる人がたくさんいるんだ」と謝ること。気持ちが辛くなって、子どもと全力で向き合えないときに「今日は頑張ろうと思って挑戦したことが上手くいかなくて、少し悲しいんだ。あなたの悲しいときはどんな時？」

などなど、大人にも感情があること、いつも感情と上手く付き合えるわけではないことを素直に子どもに話し、伝えることは、子どものロールモデルとしても大切なことだと思います。

私は子どもの頃、だれもが大人になったら自分が何をしたくてどうなりたいのかという答えにたどり着いているものだと思っていました。しかし、私自身が社会人になる頃になって、もう大人のはずなのに「まだたどり着けていない」ことに焦りを感じるようになりました。周りの大人がどんな道を歩むか、切り拓くのか、悩んだり不安に思ったりしていることを聞くことができていたら、また違ったのかなと思います。大人も子どもも「ただの人間」であることをもっと認めていけたら、「立派な親であること」や「立派な大人であること」へのプレッシャーが少しは減るような気がします。そしてそれは、そんなふうにならなくてはいけないんだと思い込む子どものプレッシャーを軽減することにもなるはずです。

まだ子どもにはわからないからと、子どもに関わる事柄について大人だけで話をしてしまうことがあると思います。引っ越し、転校、親の転職、一緒に生活しているといろんな出来事があります。引っ越す理由や、引っ越し先がどんなところなのか、前もって話をしておくことで、子どもは主体的に考えられるようになるはずです。ご家庭でも感情カードを使いながら、転校をどのように感じているのかについて深く聴き取ることができるかもしれません。「今の友達と離れたくないのに、仕事の都合で引っ越さなきゃいけなくて、辛い」という声が聴けた場合、「そっか、お友達ともっと一緒にいたいよね」など肯定した上で、感情カードの問いかけ例にある質問を使って会話してみてください。親が話をしてくれるということで自分が「関係者」になれていることを、そして気持ちや意見に耳を傾けてくれることは当事者であることを子どもは感じてくれるはずです。

3

認知機能が変容することで感情も変容する

中山芳一

スウェーデンの子どもたちが感情について学ぶ実践についてももちろんですが、この章では特に麻衣さんが大切にしたいこと、していることをしっかりと伝えていただけたと思います。非認知能力は、ＯＥＣＤが「社会情動的スキル」と呼んでいるように、私たちの感情と切り離せない力です。そうであるならば、なぜ日常的に感情そのものへの働きかけを教育現場でもっとしていかないのかという日本の教育現場の課題に迫られたようにも思います。とはいうものの、いわゆる根性論（精神論）でもないんですよね。「もっとやさしくなろう！」とか「たくましく生きろ！」といった激アツなフレーズだけが飛び交うのではなく、頭の中でしっかりと理解して使いこなすためのトレーニングが大切ということですよね。

最近では、よく非認知能力の中には認知能力も含まれていて、認知能力が鍛えられることで非認知能力にもプラスの影響を与えるという指摘が聞こえてきます。私もこの点において同感です。認知能力を単なる学力ととらえるのではなく、認知機能（記憶・洞察・想像・解釈・推論・判断など）も含み込んだ「能力」であるというなら、感情のコントロールは認知能力（という名の認知機能）なくしてできるものではありません。したがって、自己調整をはじめとした非認知能力の育成にも必要不可欠ということになるでしょう。

先ほど、麻衣さんが紹介してくれた「解釈」や「考え」という認知機能が気持ちや感情に変化を与えてしまう……つまり、これらの認知機能が変容することで感情もまた変容するということですよね。大変参考になるスウェーデンの事例だと思います。あとは、これを日本の教育現場にいかに日常的な取り組み（実践）として取り入れていくかが重要ですね！　本書が日本の教育現場の先生方のきっかけになることを願います。

さて、次はいよいよ最終章です。テーマは、ここまでに少し麻衣さんがふれてくださっていましたが、「評価」についてです。麻衣さんも、宏紀さんも、私も、それぞれの見解を論じていきますので、ぜひ最後までお読みください！

第X章

教育現場における評価は何のために、誰のためにあるのか？

1

非認知能力に立ちはだかる評価の壁とは？

さて、いよいよ最終章です。麻衣さん、宏紀さん、ここまで本当にありがとうございました。教育現場での日本の実践とスウェーデンの実践が、「非認知能力」というキーワードのもとでセッションできたこと、とても感慨深かったです。そして、どっちが良いとか、どっちを見習おうとか……そういう話ではなく、お互いの実践をリスペクトしたときに、どちらからも学ぶべきことがたくさんあったと思います。その上で、はっきり言えることは、「非認知能力を伸ばす教育は、決して新しいことでも、特別なことでもないこと」「そもそも、認知能力と非認知能力とを切り離すのではなく、双方を一体的に伸ばしていくことが教育実践には求められていること」ではないでしょうか。

しかし、そう考えたときに立ちはだかってくるのが「評価の壁」だと思います。実際に、学校を中心とした教育現場で先生方とやりとりをしていると、子どもたちの非認知能力（学びに向かう力や主体的に学習に取り組む態度）をどうやって伸ばすかということと同時に、どうやって評価するのかが大きな問題と関心になっています。非認知能力が、テストなどで点数化して測定できない力としていわれているために、余計に評価の壁は大きく立ちはだかってしまいます。自分自身や他者からの評価を数値（定量）化する取り組みもされていますが、自意識によって客観性を担保できないという問題を常に孕んでしまうのです。

そのような中、ＩＧＳ株式会社による「Ａｉ ＧＲＯＷ」などは、３人以上の相互評価とＡＩ（人工知能）による補正を行うことで、その自意識をできる限り是正するという画期的な挑戦をしています。これから先、評価方法の進化が、非認知能力と言われるような力にも客観性をもたらし、評価の壁を乗り越えるときが来るかもしれませんね（もちろん、確信は持てませんが……）。

さて、ここで改めて「評価」について考えてみたいと思います。教育現場にいらっしゃる方は言うまでもなくご存知のことですが、教育現場における評価には、成績などを出すための評価（総括的評価、評定）があります。私たちはこの評価によって結果として自身の学力などがどのような位置づけになっているのかを知ることができます。

また、近年盛んに言われるようになった証拠となる評価（エビデンス）もあります。学校現場では、研究指定を受けて取り組んだことに対する検証結果を示すことが一つの例となるでしょう。そして、なんといっても子どもたちの学びの過程で、いまその子は何ができていて、何ができていなくて、何ができそうなのかという現状把握のための評価（形成的評価）があります。この評価こそ、まさに実践者が子どもたちの発達を支えるために最も必要な評価と言えるでしょう。

このように評価を分類したときに、非認知能力に立ちはだかっている評価の壁とは、一体どのような評価の壁なのでしょうか？　多くの場合、数値（定量）化が困難であることが壁になるのは、非認知能力について評定やエビデンスとしての評価をしようとしているということでしょうか？

私たちは、いまこそ改めて「評価はいったい何のために、誰のためにあるのか？」について考えていかなければならないような気がしてなりません。ここで、日本とスウェーデンで認知能力も非認知能力も意識して実践してこられた宏紀さんと麻衣さんから、評価についてどのように考えているのかを教えていただきたいと思います。まずは、宏紀さん、お願いします！

2 評価は「今後の自分自身の成長」につながっていくべきもの

德留宏紀

はい！　中山先生が仰る通り、「評価はいったい何のためにあるのか？」これは、私自身も現職時代に幾度となく自問自答したテーマになります。そして、今の私がたどり着いた納得解として、評価とは、子どもたちにとっては「認め励まされるもの」であり、教員にとっては「自分自身の実践を映し出す鏡のようなもの」であるということです。

そして両者に通じるのは、「その評価が今後の自分自身の成長につながっていくもの」でなければならないということです。子どもたちが評価を受けたときに、逃げ出したくなる、自分自身が嫌になってしまう、そんな評価であってはならないのです。また、教員自身が絶対的な評価者として君臨し、自分自身を省みることがなくなってしまったときに、教員として、また人としての成長が止まってしまいます。決してそうならない評価を、教育現

通知表の5段階評価

場で行っていく必要があると思います。

先に結論からお伝えしましたが、この納得解にたどり着くまでに考えていたことを述べておきたいと思います。まず、学校現場で「評価」と聞いて、真っ先に思い浮かぶ5段階評価の通知表の成績を基に考えていきたいです。

「今回のテストで100点取られたわ、悔しい！」「よし、100点、阻止したった！」「俺のテストで今まで100点取った奴はいない！」……などなど、中学校現場でお勤めの方ならば一度は耳にしたことがあるフレーズではないでしょうか。つまり、一定数以上、このように考えている先生方がいらっしゃるということです。それはそれで良いですし、私の考えを押し付けるわけではありませんが、私とは少し異なる考え方だなと感じざるを得ません。

私の場合は、子どもたちが100点を取ると最高に嬉しい気持ちになりますし、全員に100点を取ってほしいと思っていました。テストが今までの学習内容の理解度を点数で測るものであるとするならば、すべての問題に正解することができた100点は喜ばしいことですし、むしろ全員がテストで100点を取れるように日々の授業を進めていくのが良いのではないかと思います。まして、今は目標に準拠した評価（＝絶対評価）で、あらかじめ設定された目標にどれだけ到達できたかで評価が決まっていく方法をとっています。そのため、子どもたちを相対的に（順位をつけて）評価する必要はありません。だからこそ、全員が目標に到達することをめざすことが当然と言えるのではないでしょうか。

しかし、ここでも問題を孕んでいます。目標に準拠した評価であるので、理論上は一つの教科において、全員の成績が「5」である可能性も含んでいます。実際には、一人ひとりの学習の理解度や習熟度によって、そのような成績がつくことはほぼないのですが、もし仮に全員が目標に到達していれば、そうなってもおかしくはない話であります。ただ、そうなると評価の信頼性や信憑性に関わってきます。本当にちゃんと評価しているのか、集団がいるとその成績の分布は正規分布になるようになっているのではないかと……。

つまり、絶対評価の枠の中で、相対評価の考え方が生きているといったイメージなのです。たしかに、言わんとすることもわからなくはないのですが、全員が目標を達成し、全員がもっともよい成績である「5」を取れるようにならないかなと心から思っていたものでした。

学習を行う前に評価基準を明確に示す

ここまでは、５段階評価の通知表におけるお話をしましたが、もう少し授業でのことに目を向けていきたいと思います。先ほどの中でも、学習状況において、全員が１００点をとるということは現実的ではありません。70点の子もいれば、30点の子もいます。ただ、私が大事にしていたのは、「同じ30点であってもどのように学習した結果としての30点なのか」ということです。つまりは、学習のプロセスに重きを置いていました。努力をすることなく、ただ何となくとった30点なのか。それとも、わからない問題があってもそのままにせず、仲間に助けを求め、協働して解決しようと動いた結果の30点なのか。同じ30点であっても、その意味合いは大きく変わってくると思います。どちらの30点の方が将来子どもたちの幸せにつながってくるか。答えは明白だと思います。「困難な状況から逃げない」、「解決のために一歩踏み出す」、「仲間とともに成長する」、これらはすべて非認知能力につながっています。点数で表れる結果だけを見るのではなく、そこにたどり着くまでのプロセスを非認知能力のレンズで見取っていくことができるのが、教師の専門性ではないでしょうか。「テストの点数だけで一喜一憂するな」と言うのは簡単です。

大切なのは、私たち教師が教科学習において、いかに子どもたちが非認知能力を育めるギミックを仕込んでいけるのか。そして、その非認知能力が発揮されたときに、適切なフィードバックをしていくことができるかにかかっていると思います。それらの積み重ねが、子どもたちにとっても成長へのモチベーションにつながっていくのではないかと考えています。

第V章でお話しした私の授業実践において、行動指標の説明をしました。行動指標を作成した目的として、授業の中で育んでいきたい非認知能力を示すことと、行動の評価基準の共通言語を持つことで、個人間での認識のズレをなくすことができると述べました。たしかにその2点は重要なことであり、最も意識していましたが、実はもう一つの目的があったのです。

それは、「評価者である私が、子どもたちにとってフェアでありたい、子どもたちの学びに対してリスペクトを示したい」ということです。学習を行う前にあらかじめ、めざす理想の姿や、評価基準を明確に示すことは非常に大切です。これがないと、子どもたちは圧倒的不利な状況で学んでいくことになります。言うならば、評価者がいくらでも後出しじゃんけんをすることができるということです。そうなってしまうと、子どもたちは、授業

において成長の心理的安全性が担保されないことになってしまいます。つまりは非認知能力が育まれにくい状況を生み出してしまうことになります。

あらかじめ行動指標を示しておくと、学習後も自分自身をふりかえることができ、今の自分を客観視することができます。さらには、今後どのようなことを意識して学習を進めていけばよいかが明確になってきます。つまり、自分の成長の現在地を知ることができるということです。そうなれば、評価者に求められる「説明責任の遂行」も可能になり、子どもたちにとってわかりやすく、信頼できるものとしてのフィードバックを行うことができます。それこそが子どもたちの学びに最大限のリスペクトを示すことであり、子どもたちを認め励ます評価につながってくると確信しているのです。

子どもたちを認め励まし、教員自身が省みるため

最後に、「評価は誰のためにあるのか。何のためにあるのか」についてお話しして締めくくりたいと思います。これまで子どもたちを中心にお話を進めてきましたが、「評価はまぎれもなく私たち教員のためにもある」のです。ベテランもミドルリーダーも新任も、子どもたちにとっては「先生」であり、たとえ昨日まで大学生であっても、ひとたび学校現場に出ると「先生」になるのです。子どもたちの前に立つ以上、教員として自己研鑽することは必要不可欠であると私は考えています。

たしかに昨今、教員は仕事量が多すぎる、残業時間が常識の範囲を逸脱しているなどで「ブラックな仕事」だと言われることが増えてきました。その状況は重々承知していますが、多忙さの中でも、自身の実践を省みる時間は大切にしてもらいたいのです。評価は日々の自分自身の実践を映す鏡であり、学習指導は、常に見直され、改善を重ねながら子どもたちにとって最適なものへとグレードアップさせていくことが大切です。そうした日々のチャレンジこそが、目の前の子どもたち、そして自分自身の成長へとつながっていくもので

あると思います。

結局のところ、評価とは「子どもたちを認め励まし、教員自身が省みるためにある」のです。これこそ、教育現場に求められている評価の在り方であると、私は強く思っています。

3 自分を高め、お互いを高め合い認め励ます評価を

宏紀さん、「評価は子どもたちを認め励ますため」……、いいですね！　先ほどご紹介したＩＧＳ株式会社のＡｉ ＧＲＯＷの相互評価も、自己肯定感を持てず自分自身の評価が低くなってしまう子どもに、周囲の子はあなたのことをもっと高く評価していることを知らせ、自己肯定感を高めてもらいたい、と言われていたことを思い出しました。先生から「上から目線」で評価を下され、いつも周囲と競い合い、蹴落とし合うような評価ではなく、自分を高め、お互いを高め合えるような認め励ます評価のあり方に強く共感しました。
また、教員自身が省みるための評価についても同様です。教師や保育士などのいわゆる

対人援助専門職者たちは、画一的な正解を持たない専門職者であるために、常に新しい気付きを見出しながら自己研鑽を重ねていく「反省的実践家」です。反省的実践家たちは、対象者(教師の場合は子ども)を評価しっぱなしにしたり、低い評価に対して対象者のせいにしたりすれば、一気に成長は止まってしまいます。それでは、反省的実践家たる本質に立てなくなってしまいますよね。宏紀さんが、教育現場でこのようなことも心がけてこられたことがひしひしと伝わってきました。

さて、麻衣さんは、いかがでしょうか?

評価そのものの「できる」「できない」を考えるカギ

田中麻衣

スウェーデンと日本の学習指導要領を見比べて

スウェーデンの学習指導要領における各教科の構成は目的、中心となる内容、各成績の必須知識となっています。スウェーデンでは、成績をつける前に生徒に何がどう評価されるか説明しなくてはならないし、つけた後も何がどう評価されてその成績になったのか説明できなくてはなりません。そうしないと生徒は自分の成績に対する影響力や参画度が制限されてしまうからです。こうした決まりも、Learn through のひとつだとしみじみ実感しました。生徒が自分の成績を見て驚くようなことがあってはいけないと教えられたのを思い出します。徳留先生の「いくらでも後出しジャンケンができるのはフェアじゃない」という言葉や考えと一緒ですね。

継続的なクオリティワーク

就学前教育では、評価の対象は子どもでなく、私たちの日々の仕事そのものです。そのため、就学前教育の学習指導要領の目標の欄には「就学前学校が子どもたちの成長のためにすべきこと」として書かれています。「子どもたちが達成すべきこと」ではないということです。私たちが日々実践していることは、学習指導要領にあるような成長や身に付けてほしい能力にきちんとつながっているのか？　それは、なぜつながっているとわかるのか？それを知るために子どもたちの成長や学びのプロセスを記録しています。そういったことを常に問いかけ、教育の質の向上をめざすために行われるのが「Systematiskt kvalitetsarbete

＝継続的なクオリティワーク」です。これは、次の4つのステップを繰り返す単純なモデルになります。

①今どこにいるのか（現在の状況）
②どこに行こうとしているのか（目標）
③どうやってそこに行くのか（方法）
④どうなったのか（結果）

このクオリティワークによって、現状の把握と改善を継続的に行っています。

つい先日、こんなことがありました。幼稚園教諭の資格を取るために勉強しながら働いている保育士と、ドキュメンテーションについて話していた時のことです。

「子どもたちの成長は毎日見ているから感じるけれど、それが自分のした授業のおかげだって、どうやったらわかるの？」と聞かれました。

自分がその子の学びにどれくらい貢献できたのかを正確に測ることはできません。今日教えた成果が必ず今日のうちに出るわけでもないですし、あくまでも自分の解釈に頼る部分が多くなってしまうものです。だからこそ、授業やプロジェクトの前に「こういう経験をしてもらって、こういうことができるようになってもらいたい」というのを明確にし、そのためにしてきたことの記録が（目標と指標の設定）必要だと考えています。

その上で、子どもたちにどうやって学んだのか聞いてみると面白いのではと思います。子どもたちの「できる」ようになる様子を観察し、「できる」ようになったことに気づき、そして、更なる「できる」へつながる働きかけをする。この繰り返しがクオリティワークなのだと思います。

それぞれの子どもの「できる」「できない」を引き出す

「評価」そのものについて考えさせられることがよくあります。私たちは何をもって他者のできる、できないを判断しているのでしょうか？　テストで「正解」を書けば「できる」、テストで「正解以外」を書けば「できない」のでしょうか？　もし、「できない」のであれば何ができないのでしょうか？　逆に、「できる」とすれば何ができるのでしょうか？

テストで「正解」を書けなかった子は、本当に理解していなかったから解けなかったのでしょうか？　その子の中にある能力や知識の「ある／なし」を、たったひとつの方法で判断するのはあまりに「雑」な気がしてならないのです。

例えば、スウェーデンでは普段の試験時や特定の条件下では全国共通テストでも個別適応が認められています。読解の問題を読むのではなく、聞くこともできるし、口頭で答えることもできます。読解能力込みで試験しているのに、と言われるとたしかにそうなのですが、それが「できない」からといって他の「できる」部分を見てもらえないのは、あまりにもったいなく思います。実際に、人前での発表では上手く伝えられなかった子どもに、家で両親の前で発表しているところをビデオに撮ってきてもらう形に変えたら、ちゃんと授業内容が理解できていることがわかったこともありました。「できない」と言うには、具体的に何が「できない」のかを子どもに明確に

する責任が伴うのだと思います。

認知能力であっても非認知能力であっても、「できる」は環境に応じて変わるものではないでしょうか。私たち大人も自分の能力としての「できる」が発揮できる時とできない時がありますよね。社内の人に対しては上手くプレゼンできるのに、社外の人に対するプレゼンがいまいちだった……なんてことや、直前にミスをしてしまってその後の会議で積極的に意見が言えなかったということは誰にでもあり得ることでしょう。一時的な評価や失敗を気にすることなく、新しい知識を色んな状況下で試す機会をつくることでその知識が深まり、応用できるようになる、そう考えています。

それぞれの子どもの「できる」「できない」を引き出すための方法をたくさん持っていたいなと思います。私たちが、子どもたちにそうやって引き出し方を教えていくことで「できる」自信と「できない」に立ち向かう勇気を持ってもらえるのかもしれません。だからこそ、私たち大人も、自分の「できる」「できない」にも真摯に向き合いたいものです。

子どもたちを学びに誘うこと

最後に、「Undervisning」というスウェーデン語を日本語にうまく訳せないことについてお話しします。私は「Undervisning」を便宜上、「授業」と訳すことが多いのですが、スウェーデンの学習指導要領の英語版にもLectureとかLessonとは書かれていないんです。むしろ、Teachingと書かれています。この「Undervisning」の定義なんですが、「教員の指導のもと行われる（学習指導要領にある）目標が設定されたプロセスであり、それは知識や価値観の獲得と発展を通し、成長と学びにつながるようなプロセスであること」とあります。

つまり、先生方が計画・準備された通常の授業はもちろんのこと、外に出る時の着替えの時間も、おむつを替える時間も、普段の生徒との対話も、上の条件が満たされていれば「Undervisning」だということです。子どもたちの興味・関心に寄り添いながら、目標を決め、その方向へ導くために先生が舵を取るのが「Undervisning」といえるでしょう。先生は最終到達地である目標へ舵を取りますが、どんな航路を辿るかは先生と子どもたちとの共同作業になります。

学校庁はUndervisningとは知識を伝えることを主とするのではなく、むしろ学びを奨励することだと示しています。意訳するなら、学びへ誘うことです。子どもたちが学びに対して積極的になっていく姿がイメージできます。

評価において、私たちは「できる」「できない」について今一度考えなければならないと書きましたが、知識というものの捉え方がカギになるのではないでしょうか。学習指導要領にも知識とは様々な定義をもつ言葉で、事実、理解、技能など様々な形の知識があるとし、スウェーデンの学校庁は、だからこそ現場で知識とは何なのかの議論が必要だと言っています。

スウェーデンの学校庁のホームページにはいつも助けられています。論文を簡潔にまとめたものや、読みやすく噛み砕いた学習指導要領が掲載されており、動画になっていることも多いので、先生たちと一緒に見て話し合うことができます。というのも、「共通認識をつくるためのディスカッションテーマ」や「ふりかえりのための質問」など、自分たちで解釈し、その現場に合った納得解を見つけなさい、そしてそれを定期的にふりかえり納得解をアップデートしなさい、というのが常にスタンスとしてあるからです。私はスウェーデンの教育に関わり始めた時、「いやもっとはっきり決めてよ！」と思ったものです。今でもそういうことがないわけではありませんが、私は現場への信頼と学校によって納得解は違うという前提があることを嬉しく思います。

ただし、言われた通りにやることができないので、自分たちであぁでもない、こうでもないとやっていくことになります。監査が入ればどうしてそれが納得解なのかを徹底的に聞かれます。人に教えてもらった答えでは対応できないのが与えられた自由という信頼の重みだなと感じています。

5 指導と自走の両立をつくり出すための評価を

中山方一

麻衣さん、スウェーデンの視点から評価ということを考えると、やはり新しい見方ができるんだなと思いました。いま、日本でも「指導と評価の一体化」という言葉がよく使われるようになりました。そして、宏紀さんからのお話にもあったとおり、他者と比較した相対評価ではなく、本人自身に焦点化した絶対評価にも切り替わりました。そのような中、たしかに客観的な評価がしにくい非認知能力だけではなく、認知能力も含めて評価のあり方を考えていく必要がありそうですね。

さらにその上で、そこには教員の指導（支援）と子ども側の自走（自己成長）とか両立していることが必要不可欠で、この両立をつくり出すための評価でなければならないでしょう。子ども自身も自分がどこにいるのかを自覚して、次にめざすところを見出し、意識的に自己成長を促せるかどうかです。

つまり、指導と評価の一体化の向こう側に、指導（教員）と自走（子ども）と評価（教員と子ども）の一体化を見据えていきたいものです。そのためにも、宏紀さんの実践で紹介されていたふりかえりを通じて、教員は子どもがいかに自らと向き合い、心動かし、自己成長を促そうとしているのかというプロセスを見取り、必要に応じて支援をすることで、最終的にはすべての子どもたちを高い評価へと持っていけるようにしたいですね。これからも各教育現場で向き合っていく必要のある大切な課題です。

おわりに

「非認知能力と認知能力はコインの裏表」という言葉。この言葉の意味するところを私たちは本書を通じて、お伝えすることができたでしょうか？　さらには「非認知能力ブーム」のその先を切り拓いていくヒントや、教育現場で奮闘する読者の皆さんの実践を後押しできるものが記せていれば幸いです。日々、子どもたちを目の前にしている教育現場の先生方を最大限リスペクトしたいという思いをもって、それぞれの立場から執筆させていただきました。

「書籍には未来を変える大きな力がある」と私は信じています。中学校教員時代に、授業改善や学校改革に大きな影響を与えてくれた書籍こそ、２０１８年に中山先生が執筆された『学力テストでは測れない非認知能力が子どもを伸ばす』でした。この書籍との出会いは今でも鮮明に覚えています。まさにその時「非認知能力こそ私が教員として今後も大切にしていきたいことであり、その内容をこの書籍が、言語化してくれている」と心の底から思いました。

それからというもの、学校現場において非認知能力と認知能力を切り離すのではなく、コインの裏表のように、一体的な関係を築きながら向上させていくにはどのようにすればよいかを、子どもたちや先生方と一緒に試行錯誤して取り組んできました。決して派手なことではなく、学校の教育現場でできることを地に足を付けてみんなでストーリーを紡いでいきました。その物語を懐かしみながら、今度は自分自身が書き手となって綴らせていただきました。本書もまた、かつての私が出会ったように、教育現場で実践されている先生方の元へと届き、明るい未来を切り拓くきっかけになれば嬉しいです。

私は今、スウェーデンのお隣、フィンランドの学校現場で働いています。日本とフィンランド双方の現場に携わっているからこその違いや共通点を日々感じます。母国を離れたからこそ気付ける、日本という国の教育の素晴らしさもたくさん見えてきました。改めて、教育現場の先生方への最大限のリスペクトと感謝の気持ちを込めて、締めくくりたいと思います。

2023年7月

徳留宏紀

おわりに

「麻衣さん、スウェーデンでは非認知能力の向上のために、どんな取り組みをしているの?」と中山先生に尋ねられたあの日から約4年が経ちました。あれもこれもと、まとまらないまま並べた答えと本書に書き綴った内容には、根本は変わらずとも大きな変化を感じています。色々と偉そうに実践例や自分なりの考えを述べてきましたが、答えに辿りつけたという実感はありません。数多くの現場でスウェーデンの実践を見聞きしたわけでも、比較・研究してきたわけでもないので、スウェーデンを代表してなど恐れ多いことも思っていません。

本書を執筆する機会をいただいたことで、自分の考えの曖昧な部分が浮き彫りになり、なぜになぜを繰り返し今日に至りました。日本とスウェーデン。何が当たり前で何を共通認識と考えて良いのかわからない中で執筆を進めるのは想像以上に難しく、目の前の積み木を一度取っ払って、もう一度積み上げるかのような作業でした。

中山先生や徳留先生のお話を聞いては、日本にはこんな取り組みがあるのかと刺激を受け、非認知能力へのアンテナが強化されていきました。そのお陰で、職場では「あ、これも非認知能力向上のための取り組みだな」と気づくことが増えたのを覚えています。それが学校現場の先生たちとの議論、試行錯誤、経験に繋がり、学校全体の非認知能力を見取るレンズや非認知能力向上をサポートする力が磨かれていきました。ですので、この本は「私の職場の仲間である、現場の先生たちと一緒に書いた本」だと思っています。日々子どもたちと向き合う先生たち、そして成長していく子どもたちが、非認知能力のあらゆる側面を教えてくれました。これからも先生たちと一緒に悩み、一緒に学び、私たちなりの答えを更新していきたいと思います。

本書には現場の先生方の役に立つような本にしたいという強い気持ちが込められています。読み終わった時に行動したくなるような本、日々やってきたことに自信と誇りを感じるような本になっていれば幸いです。

このような機会をくださった中山先生、より良い本になるようにと細かなところまでご配慮いただいた編集に関わられたすべての皆さまに心から御礼申し上げます。

2023年7月

田中麻衣

参考文献・引用文献

第Ⅱ章
中山芳一『学力テストで測れない非認知能力が子どもを伸ばす』東京書籍、2018年
中山芳一『家庭、学校、職場で生かせる！　自分と相手の非認知能力を伸ばすコツ』東京書籍、2020年
ジェームズ・J・ヘックマン（大竹文雄解説、古草秀子訳）『幼児教育の経済学』東洋経済新報社、2015年
S．ボウルズ、H．ギンタス（宇沢弘文訳）『アメリカ資本主義と学校教育Ⅰ―教育改革と経済政策の矛盾』岩波書店、2008年
遠藤利彦「非認知的（社会情緒的）能力の発達と科学的検討手法についての研究に関する報告書」『平成27年度プロジェクト研究報告書』国立教育政策研究所、2017年
経済協力開発機構（OECD）編著、ベネッセ教育総合研究所企画・制作（無藤隆・秋田

喜代美監訳）『社会情動的スキル―学びに向かう力』明石書店、２０１８年

第Ⅲ章
ポール・タフ（高山真由美訳）『私たちは子どもに何ができるのか―非認知能力を育み、格差に挑む』英治出版、２０１７年
岡山県教育委員会『教育時報（２０２２年12月号）』、２０２２年

第Ⅳ章
杉山尚子『行動分析学入門―ヒトの行動の思いがけない理由』集英社新書、２００５年
石田淳『短期間で組織が変わる　行動科学マネジメント』ダイヤモンド社、２００７年
佐藤学『学びの快楽　ダイアローグへ』、世織書房、１９９９年
ドナルド・A・ショーン（佐藤学、秋田喜代美訳）『専門家の智恵　反省的実践家は行為しながら考える』ゆみる出版、２００１年
ドナルド・A・ショーン（柳沢昌一、三輪建二監訳）『省察的実践とは何か　プロフェッショナルの行為と思考』鳳書房、２００７年
三宮真智子『メタ認知で〈学ぶ力〉を高める―認知心理学が解き明かす効果的学習法―』北大路書房、２０１８年
中山芳一『コミュニケーション実践入門―コミュニケーション力に磨きをかける』か

もがわ出版、２０１５年
鯨岡峻『エピソード記述を読む』、東京大学出版会、２０１２年
中山芳一、吉澤英里「非認知能力に関する自己評価シートの開発」『岡山大学全学教育・学生支援機構教育研究紀要』第４号、１８６-１９５頁、２０１９年

第Ⅰ章

就学前教育　学習指導要領

Sverige. Skolverket (2018). Läroplan för förskolan: Lpfö 18. [Stockholm]: Skolverket.

第Ⅵ章

校則について

Skolverket. "Ordningsregler som ett verktyg för att främja studiero" https://www.skolverket.se/skolutveckling/inspiration-och-stod-i-arbetet/stod-i-arbetet/ordningsregler-som-ett-verktyg-for-att-framja-studiero

第Ⅶ章

3つのLearn

Skolverket. “Arbeta med förskolans och skolans värdegrund” https://www.skolverket.se/skolutveckling/inspiration-och-stod-i-arbetet/stod-i-arbetet/arbeta-med-forskolans-och-skolans-vardegrund

アクセシビリティモデル

Specialpedagogiska skolmyndigheten. “Tillgänglighetsmodell” https://www.spsm.se/stod-och-rad/skolutveckling/tillganglighet/tillganglighetsmodell/

第Ⅸ章

感情カードと教材Liten

Brottsoffermyndigheten www.brottsoffermyndigheten.se “Känslokort” https://www.jagvillveta.se/Filer/PDF/K%C3%A4nslokort_2.pdf

Brottsoffermyndighetenwww.brottsoffermyndigheten.se “Liten” https://www.brottsoffermyndigheten.se/media/b3sfuaht/liten_0703.pdf

思考モデル

THE LIFE COACH SCHOOL “What is the Get Coached Model” https://thelifecoachschool.com/self-coaching-model-guide/

第X章
継続的なクオリティモデル
Skolverket. "Systematiskt kvalitetsarbete – så fungerar det" https://www.skolverket.se/skolutveckling/leda-och-organisera-skolan/systematiskt-kvalitetsarbete/systematiskt-kvalitetsarbete-i-skola-och-forskola

第V章
中山芳一『家庭、学校、職場で生かせる！　自分と相手の非認知能力を伸ばすコツ』東京書籍　2020年
北欧教育研究会『北欧の教育最前線―市民社会をつくる子育てと学び』明石書店　2021年2月
中山芳一、徳留宏紀『教科学習の自立・協働型学習における非認知能力向上のための試論―理科教育実践に焦点を当てて―』『岡山大学全学教育・学生支援機構教育研究紀要』6 218-227頁、2021年

第Ⅵ章

徳留宏紀『教員の心理的安全性を高める組織マネジメントについて：「確かな学び」を育むための土台作りとしての職場環境の形成』『教育研究集録』26 30-33頁、2019年
中山芳一『学力テストで測れない非認知能力が子どもを伸ばす』東京書籍 2018年

田中麻衣（たなか まい）

福岡県生まれ。スウェーデンの就学前学校 Förskolan Galaxen及び Förskolan The Cottage 校長。高校、大学と2度のスウェーデン留学を経て2012年にストックホルムへ移住。スウェーデンで放課後支援サービスの再建をしたことをきっかけに学校運営に携わる。ストックホルム大学にて校長資格取得。小・中学校の教頭、校長、教育コンサルタント企業運営を経験し、現在は2校の就学前学校で校長を務める。子どもも大人も学び、成長し続けられる組織づくりをめざす。

徳留宏紀（とくどめ ひろき）

1990年大阪府生まれ。Nordic Educations 代表。2013～2022年まで泉佐野市立新池中学校教諭を務める。教科学習を通じて非認知能力 & 認知能力の向上を実現し、教育論文「教科学習における自立・協働型学習による非認知能力の向上」では、2021年度東書教育賞にて入選。22年から岡山大学大学院に在学し教育心理学と教育統計学の両面から非認知能力の研究を行う傍ら、23年からはフィンランドのヘルシンキ国際高校（Helsingin kielilukio）に勤務。

著者略歴

中山芳一（なかやま よしかず）

1976年岡山県生まれ。岡山大学教育推進機構准教授。専門は教育方法学。All HEROs合同会社代表。各世代の子どもたちのための非認知能力育成のために尽力している。さらに、全国各地の産学官民の諸機関と協働した教育プログラム開発にも多数関与。9年間没頭した学童保育現場での実践経験から、「実践ありきの研究」をモットーとしている。著書に『新しい時代の学童保育実践』かもがわ出版（2017年）、『学力テストで測れない非認知能力が子どもを伸ばす』（2018年）、『家庭、学校、職場で生かせる！ 自分と相手の非認知能力を伸ばすコツ』（2020年）ともに東京書籍、『「やってはいけない」子育て 非認知能力を育む6歳からの接し方』日本能率協会マネジメントセンター（2023年）、『教師のための「非認知能力」の育て方』明治図書（2023年）など多数。

All HEROs 合同会社ホームページ。

本書で紹介したギミックブラッシュアップシートやアセスメントシートがダウンロードできる。

ブックデザイン　長谷川理

イラスト　後藤知江

協力　小池彩恵子（東京書籍）、東京出版サービスセンター

編集　金井亜由美（東京書籍）

スウェーデンと日本発!

非認知能力を伸ばす実践アイデアブック

2023年8月10日　第1刷発行

著　者　中山芳一、田中麻衣、徳留宏紀

発行者　渡辺能理夫

発行所　東京書籍株式会社

〒114-8524　東京都北区堀船2-17-1

電話　03-5390-7531（営業）

03-5390-7512（編集）

https://www.tokyo-shoseki.co.jp

印刷・製本　株式会社リーブルテック

ISBN 978-4-487-81547-0 C0095　NDC375

本書に掲載した内容は2023年7月現在のものです。
NexTone 許諾番号 PB000054009